대한민국 경찰관으로
산다는 것

대한민국 경찰관으로 산다는 ——— 것

배선하 지음

한국경제신문 *i*

경찰이란 직업이 언제부터 내게 이렇게 간절했을까?

보통 경찰은 회사라고 하지 않고 조직이라고 칭한다. 조폭들의 조직이 아닌 경찰들의 조직이다. '회사에 입사했다'라고 표현하지 않고, '조직에 투신하다'라고 한다. 내 한 몸 바쳐 조직에 뛰어들어 국가와 국민을 위해 일한다는 뜻이다.

도움을 줘서 고맙다고 하시는 분들도 계시지만, 때로는 여성 경찰이라는 이유만으로 현장에서 시비의 원인이 될 때도 있고, 비난의 화살이 날아올 때도 많다. 그 불합리한 현장에서 묵묵히 버티고 있는 동료들을 다독여주고 싶었다.

입직한 이후 두 번의 육아휴직을 했다. 첫째 아이를 출산 후에는 출산휴가를 포함해 3년을 휴직했고, 둘째 아이를 출산한 후에는 1년 6개월가량의 휴직을 했다. 올해로 10년 차에 접어들었지만, 경찰에 입직한 이후 실제 근무한 일수와 휴직한 일수가 비슷할 정도다. 어느 면으로 보나 부족한 점이 가득한 내가 책을 내도 되는지 수많은 밤을 고민했다. 그런데도 경찰관으로서 삶을 글로 쓰기로 했다.

스물두 살에 첫 직장을 다니게 되었던 당시의 나는 미래에 대한 아무런 계획이 없었다. 그러다 정말 절박해졌던 순간에서야 내가 하고팠던 일이 불현듯 생각났다. '경찰이 되지 않으면 끝이다'라는 간절한 마음으로 내 생애 가장 큰 열정을 불살라서 경찰 시험에 도전했다.

처음 입직하던 순간에는 경찰이 되는 것만으로 좋았다. 제복을 입은 내 모습이 좋았다. 제복이 너무 소중하고 특별했다. 근무복으로 환복할 때면 나 자신을 점검하기 위해 거울 앞에 섰다. 제복에 어울리는 사람이 되고 싶었다. 그렇게 제복을 소중히 여기고 사랑하던 내가, 이제는 제복만큼이나 내 동료들이 소중하다. 하루하루 동료의 소중함을 느끼게 된다. 동료들이 없었으면 내가 이 자리까지 올 수 없었을 것이다.

이제 10년 차. 제복을 입을 수 있는 기간을 30년이라고 봤을 때 3분의 1이 지난 시점이다. 이제까지는 내 한 몸이 어떻게 잘 지낼 것인가를 생각했던 것 같다. 하지만 지금은 다르다. 나처럼 육아휴직을 반복했을 후배들, 현장에서 겪는 설움을 토로할 데 없는 후배들에게 힘이 되어주고 싶다. 사소한 걱정거리라도, 또는 정말 그만두고 싶을 때도 도움을 요청한다면 두 발 벗고 달려가고 싶다. '나보다 먼저 이 길을 걸어간 선배가 건재한데, 나도 이겨내야지'라거나 또는 '이런 일은 선배한테 물어봐야겠다'

5

라는 믿음을 줄 수 있는 선배로, 후배들에게 '믿는 구석'이 되고 싶다. 결국, 이거다. 내가 되고 싶은 것은 후배들에게 믿을 만한 본보기가 되는 것과 동기부여를 하는 경찰관이다.

흔히들 말한다. 경찰의 공권력이 땅에 떨어졌다고. 너무나 가슴 아프지만, 현장에서 느끼는 바로는 사실이다. 인권이라는 명목 아래 경찰의 인권은 없다. 민주주의라는 명목 아래 경찰의 공권력이 설 자리가 점점 사라지고 있는 것이 현실이다. 물론 민주주의는 바로 서야 하고 인권은 있어야만 한다. 하지만 경찰도 인권이 있는 사람이며, 민주주의를 바로 세우기 위해 일하고 있다는 것을 한 번쯤은 유념해줬으면 한다는 것이다.

글을 쓰면서 나의 경찰 생활을 돌아볼 수 있었고, 나의 과거를 되짚을 수 있었다. 덕분에 나에 대해 더 잘 알게 되었고, 나의 소명이 무엇인지가 뚜렷해졌으며, 소중했던 사람들을 돌아보게 되었다.

나의 경험을 한 권의 책으로 내놓을 수 있도록 이끌어주신 김태광 대표 코치님과 권동희 대표님, 서툰 글을 예쁘게 다듬어 세상에 선보이게 도움을 주신 출판사 대표님, 편집자님 외 관계자 여러분께 감사를 드린다.

내가 자식을 낳고 보니 세상 누구보다 위대해 보이는, 사랑하고 존경하는 나의 정신적 지주인 아빠 배수창 사장님, 엄마 권연옥 여사님. 엄마는 내가 초등학교 3학년 때 교통사고로 중환자실에 6개월간 입원하시며, 장애 2급 판정을 받으셨음에도 불구하고, 사 남매 뒷바라지해 주시며, 말 많고 속 많이 썩이고 탈 많았던 둘째 딸을 키우느라 너무 고생하셨다. 진심으로 두 분께 감사하다는 말씀을 전하고 싶다.

내 인생이 책으로 쓰면 열 권은 나올 거라고 입버릇처럼 말씀하시던 돌아가신 외할머니 고 황순희 여사님, 외할머니를 생각하며 글을 쓸 결심을 했음을 밝힌다.

내 인생이 반짝반짝 빛나게 해준 소중한 내 보석이자 분신인 두 아들 태운, 태인이. 아들들이 있어 엄마는 인생을 좀 더 바람직하게 살고 싶어진다. 부끄럽지 않은 엄마가 되도록 노력할 것이다. 그리고 내 인생의 두 번째 정신적 지주인 내 남편 강봉선 님께, 당신이 있어 내가 흐트러지지 않고 살아갈 수 있고, 내 곁을 묵묵히 지켜주고 행복을 줘서 감사하다고 전하고 싶다.

마지막으로 전국의 자랑스러운 13만 경찰관들께 말씀드리고 싶다.

"그대들이 있어 대한민국이 안전합니다. 감사합니다."

경사 **배선하**

차례

스물여덟,
경찰 시험에 합격하다

01 스물다섯,
내가 퇴사를 택한 이유

　나의 첫 직장인 한국전력공사(이하 한전) 경북지사 고객센터
는 집에서 차로 가면 15분, 자전거로 가면 30분, 걸어서 가면
1시간 거리였다. 대중교통이 원활하지 않은 곳이라 주간근무는
항상 아빠가 출퇴근을 시켜주셨고, 야간근무는 자전거를 타거
나 걸어서 다녔다.

　회사는 강을 건넌 동네에 있었다. 안동은 댐이 두 군데나 있어
서 아침이면 안개가 자욱하게 꼈다. 15시간의 야간근무가 끝나
고 아침마다 자욱한 안개를 보며 퇴근을 했다. 나는 집에 가기
위해 육교를 건너면서 시원한 아침 공기를 맡는 일상을 좋아했
다. 야간근무를 하고 퇴근할 때면 하루를 열심히 산 것 같은 기
분이 들었다. 남들이 자는 동안 나는 일을 했다는 자기 만족감
이었다. 9시에 퇴근해서 집에 도착하면 오전 10시경. 부모님께
인사를 드리고, 근처 영화관에서 조조영화를 한 편 보고 귀가해

서 잠드는 것이 당시 나의 소소한 행복이었다.

나는 외향적이고 적극적이며 긍정적인 성격이다. 사람들을 만나 웃고 떠드는 것을 좋아한다. 그런 내가 오롯이 사무실에 앉아 전화로만 사람을 상대하려니, 마음속 한구석에서 헛헛한 감정이 들었다.

한전에서 상담원으로 일한 지 반년 정도 지났을 때, 친구가 아르바이트하는 패스트푸드 매장으로 놀러 갔다. 동료들과 웃으며 일하는 친구가 재미있어 보여서 나도 패스트푸드 매장에서 친구와 함께 아르바이트를 시작했다. 일명, 투잡을 시작한 것이다.

아르바이트는 정말 재미있었다. 주문을 받고, 음식을 준비하며, 손님을 응대하는 단순한 일이었다. 하지만 또래들과 호흡을 맞춰가며 고객을 직접 마주하니 전화상으로 응대하는 것과는 기분과 느낌이 달랐다. 한전 주간근무 퇴근 후 저녁에 아르바이트하고, 야간근무 출근 전에 오전에 아르바이트하며, 야간근무 후 두번째 비번인 날에도 어김없이 아르바이트했다. 가끔은 야간근무를 마친 후 낮잠을 한숨 자고, 저녁에 나와서 아르바이트를 하기도 했다. 회사에서 고객에게 욕먹고 지친 감정을 아르바이트하러 와서 친구들과 웃고 떠들며 일하면서 치유했다.

회사는 투잡이 금지된 곳이 아니었기에 충분히 가능했다. 단지 아르바이트를 하면서 큰 소리로 인사하다 보니 성대결절이 오기도 했는데, 업무에 지장이 가지 않게 목 관리를 열심히 했다.

정신없이 바쁜 생활이 좋았다. 더불어 전문대를 나왔으니 공부도 더 해보자는 생각에 방송통신대학교(이하 방통대) 청소년교육학과에 지원했다. 공부도 하고, 일도 하며, 아르바이트도 하는 생활이 시작되었다. 방통대는 수업을 인터넷으로 들으면 되기에 수업을 듣는 일은 부담이 없었다. 시험은 오프라인으로 실시하는데 처음에 중간고사를 치르려고 안동에서 대구까지 가야했다. 방통대는 대구·경북지역이 통합으로 운영되는데, 시험 응시지역을 안동으로 변경하면 된다는 것은 나중에 알게 되었다. 한번은 하필 야간근무가 있는 날과 중간고사 시험일이 겹쳤다. 대구 시험장까지 나를 데려다준 후 시험이 끝나고 바로 출근까지 시키느라 아빠가 엄청나게 고생했던 기억이 난다. 다행히 다음부터는 안동에서 시험을 치를 수 있었다.

그러고 보면 나는 정신없이 바쁘게 사는 것에서 만족감을 느끼는 타입인 것 같다. 뭐라도 읽고 배우며 바쁘게 지내면, 고인물처럼 한자리에 머물러 있는 것이 아니라는 생각이 들었다. 투잡을 하면서 돈을 더 번다는 사실도 좋았고, 이렇게 바쁜 와중에 방통대에서 장학금을 받으며 공부를 한다는 사실에 만족감을 느꼈다. 꾸준히 헛헛한 내 감정을 만족시킬 무언가를 찾고 있었다.

아르바이트하면서 다시 깨달았다. 나는 사람을 대면하는 일이 좋았다. 누군가를 돕는 일이 좋았다. 내게 만족감을 주는 일이 필요했다. 그런데 무엇을 하면 좋을지 딱히 떠오르지 않았다. 내가 다니는 회사는 빛 좋은 개살구였다. 타이틀만 좋은 회사였다. 사람들은 '한전'이라는 단어만 기억하지, '상담원'이라는 단어를 기억하지 않았다. 주위에서는 좋은 회사 그만둘 생각하지 말고 열심히 일해서 돈이나 벌라고 했다. 입사한 지 1년이 조금 넘은 신입이 왜 퇴사를 고민하는지는 아무도 관심이 없었다. 그저 배부른 소리로 치부했다.

회사는 업무보다 급여가 높은 편은 아니었다. 주야 교대근무를 하면서도 한 달에 150만 원 남짓한 돈을 받았다. 남들은 그 돈도 많은 편이니 만족하라고 했다. 하지만 나는 만족이 되지 않았다. 150만 원도 한 달 치 통화량에서 S등급이나 A등급을 받았을 때, 인센티브가 포함된 금액이었다. 그마저도 하위등급인 B나 C등급을 받으면 120만 원대를 받을 수도 있었다. 게다가 2개월 이상 연속으로 C등급으로 평가되면 강사에게 불려가서 별도 평가를 받아야 했다. 어느 곳이든 업무 스트레스가 있겠지만, 상담원은 한 전화, 한 전화를 받는 것이 실적과 직결되었다.

더 나은 삶을 살고 싶었다. 단순히 바쁘기만 한 하루 말고, 만족감을 주는 하루를 살고 싶었다. 스스로 만족할 수 있으면서 남을 돕는 일을 하고 싶었다. 어떤 일을 하면 좋을까를 계속 고민했다.

입사 3년 차가 되었을 때부터, 퇴사를 본격적으로 고민했다. 이제는 회사를 그만두고 새로운 일을 하라고 머리가 외치고 있었다. 스물다섯 살이었다. 꽃다운 나이였고, 무엇이든 시작하기에 늦지 않은 나이였다. 철없던 스무 살보다는 성숙한 것 같았고, 다가올 서른을 생각하면 아직 젊다고 느꼈다. 지금 시작하지 않으면 다시는 기회가 오지 않을 것 같았다. 무엇을 할 것인지 집요하게 생각하기 시작했다. 계획이 없는 퇴사는 나 스스로가 용납되지 않았다.

불현듯 경찰이 되고 싶었다. 어느 날 머릿속에 '경찰이 되고 싶다'라는 생각이 떠오르더니 사라지지 않고 뇌리에 계속 박혀 있었다. 마치 처음부터 경찰이 되고 싶었던 사람처럼 계속 경찰이 되고 싶다는 생각만 들었다. 왜 경찰이 되고 싶은지, 왜 경찰을 하면 좋을지 생각해봤다. 경찰이 되더라도 지금처럼 평생 교대근무를 해야 할 터였다. 남을 도울 수 있는지, 스스로 만족할 수 있는지 자문자답했고, 생각을 거듭해도 결론은 '경찰이 되고 싶다'였다.

나중에 경찰 채용 시험에서 최종 면접을 보기 위해 내 초등학교 생활기록부를 떼어 보니, 초등학교 때 장래희망은 저학년일 때는 체육 선생님, 고학년이 되어서는 경찰이었다. 어릴 때부터 또래 여자아이들보다 운동 신경이 좋았는데, 그로 인해 생긴 장래희망 같았다. 부모님께서 바라시던 나의 장래희망은 한결같이 공무원이었다.

내가 초등학교에 다니던 1990년대 중반에는 공무원은 철 밥통이라는 인식이 있어 평생 밥 벌어 먹고살 걱정은 안 해도 되는 최고의 직업이었다. 자영업을 하시며 늘 사 남매 입에 들어갈 밥걱정을 하셨던 부모님의 자식 걱정은 장래희망에서도 나타났다.

생활기록부를 보고 내심 놀랐다. 잠재의식에 있던 어린 시절

17

의 장래희망을 내가 떠올렸던 것일까? 경찰을 해야겠다고 마음먹었을 때부터 한순간도 목표를 의심한 적이 없었고, 흔들린 적이 없었다. 아무리 공부가 힘들어도 그만두고 다른 것을 해야겠다는 생각을 해본 적이 없었다. 마치 쓰면 이뤄진다는 종이 위의 기적, 버킷리스트처럼 간절히 열망하던 보물을 찾아낸 기분이었다.

혼자 몇 달을 고심했다. 퇴사는 쉽다. 흔히 말하듯 사직서만 던지면 된다. 하지만 어디든 입사는 어렵다는 것을 알고 있었기에, 후회하지 않을 자신이 있는지 묻고 또 물었다. 회사를 그만두는 순간 나는 백수가 된다. 말이 좋아 경찰공무원 시험을 준비하는 경시생이 되는 것이지, 백수가 되는 것이나 마찬가지였다. 게다가 경찰공무원 되기가 하늘의 별 따기처럼 어렵다는 뉴스도 나왔다. 상업고에 전문대학을 나온 내가 수험 생활을 견딜 수 있을 것인가 하는 생각도 들었다. 4년제 대학교를 나온 사람들도 몇 년을 공부하고, 그러다가 포기하는 사람들도 있다는데, 학벌 짧은 내가 그 싸움에서 이길 자신이 있는지, 확률은 있는지 고심했다.

그런데도 고객센터 상담원으로 일하며 한 달 평균 통화량 실적으로 평가받는 생활에 안주하고 싶지 않았다. '합격하지 못했을 때 어떻게 할 것인가?' 하는 생각 따위는 하지 않기로 했다. 나는 무조건 될 것이라고만 생각했다.

박수 칠 때 떠나라는 말처럼 매달 최상위 S등급을 받았지만,

지금이 떠날 시기라는 생각이 들었다. 지금이 아니면 다시는 경찰 공부를 시작할 기회를 얻지 못할 것 같았다. 늦었다고 생각했을 때가 가장 빠른 때라는 말도 있지 않은가. 나는 더 나은 삶으로 도약하고 싶었고, 지금이 공부를 시작할 절호의 기회라고 생각했다. 그것이 내가 3년 9개월을 최상위 평가를 받기 위해 죽도록 일하던 회사를 퇴사한 이유였다.

저,
경찰 할래요

2009년, 스물다섯 하고도 반년이 지났을 즈음, 3년 반을 다닌 회사를 퇴사하겠다고 부모님께 알렸다. 갑작스러운 심경의 변화는 아니었다.

나는 2006년 1월 말부터 한전 경북지사 고객센터에서 상담원으로 사회 생활을 시작했다. 대학을 졸업하기도 전에 취업했고, 졸업식 날에는 회사에 연차를 쓰고 졸업식에 참석했다. 고등학교는 상고를 나오고, 대학에서도 세무회계를 전공했는데, 취업은 전공과 무관한 고객센터 상담원이 되었다.

이유는 하나였다. 대학 시절 하루가 멀다고 흥청망청 술을 퍼마시고 다니는 딸의 앞날을 걱정하시던 부모님 때문이었다. 게다가 졸업을 앞두고 부모님께 거짓말을 하고 서울에 동아리 사람들을 만나러 갔다가, 택시를 타고 귀가한 사건이 있었다. 택시비만 20만 원이 넘게 나왔다. 딸이 귀가하기로 한 시간이 훌쩍 넘었는데 고주망태로 취해서 연락도 되지 않은 채, 그 먼 길을 택시를 타고 온 것을 보고 부모님은 심장이 철렁 내려앉고 눈앞이 노래졌다고 한다. 택시 안에서 술에 취해 잠든 사이 부모님은 30통이 넘게 전화를 하셨다. 전화를 받지 않아 통화 연결음만 계속해서 들리는 동안 솔직한 심정으로, 다 키워 놓은 자식을 잃는 줄 알았다고 하셨다.

그길로 부모님은 두 달 뒤면 졸업도 해야 하니 졸업 전에 괜찮은 일자리가 있으면 취직부터 하라고 하셨다. 전문대는 졸업 시즌이 되면 다양한 곳에서 취업 제의가 들어온다. 업무 성격에 따라서 교수님이 추천해주기도 하시고, 성적순으로 취업이 정해지기도 했다.

내게는 한전 고객센터 상담원 제의가 들어왔다. 한전 소속 직원이 아닌, 한전 파견업체 소속 정직원이 되는 상담원 자리였다. 월 소득이 안정적이고, 실적에 따라 매달 인센티브가 주어지는 시스템이었다. 연차가 쌓이거나 실력을 인정받으면 직원들을 상대로 하는 강사나 팀장이 될 수도 있었다.

부모님과 교수님 모두 내게 그 자리를 권하셨다. 하겠다고 해서 바로 되는 자리도 아니었다. 직무 관련 책을 받아와서 약 3주간 공부를 하고 필기시험을 쳤다. 고객을 상담하기 위해서는 한전에서 이뤄지는 업무 전반에 대한 지식이 필요했기 때문이다. 필기시험에 통과한 사람을 대상으로 면접까지 치렀다. 다행히 면접시험까지 통과하고 그렇게 첫 회사 생활을 시작했다.

나의 입사는 모두에게 칭찬과 환영을 받았다. 알다시피 전문

21

대는 취업을 빠르게 잘하기 위해 진학한다. 비록 상담원이긴 하나 졸업도 전에 '한전'이라는 타이틀을 얻고 졸업을 하니 교수님들도 좋아하셨고, 부모님도 흡족해하셨다.

고객센터 사무실에는 다양한 나이대의 상담원이 존재했다. 엄마뻘 되는 50대 중반의 언니, 이모뻘 되는 40대 언니들, 성숙한 30대 언니들, 나와 비슷한 20대 또래. 당시 사무실의 모든 여자분을 언니라고 불렀다. 엄마와 나이가 비슷해도 사무실 내에서 언니라고 칭했다. 팀장님과 강사님만 직함으로 불렀다.

아침 9시부터 저녁 6시까지, 점심시간 30~40분 정도를 제외하고는 종일 전화기와 씨름했다. 사무실 중앙에는 전광판이 있어 현재 몇 명의 고객이 대기 중인지, 몇 명의 상담원이 통화 중인지, 잔무처리 중인 상담원이 몇 명인지, 휴식 중인 상담원이 몇 명인지가 다 표시된다. 고객센터는 걸려오는 전화를 '콜'이라고 부른다. 오늘 몇 건의 콜이 걸려왔고, 그중에서 받은 콜 수는 몇 콜인지, 놓친 콜은 몇 콜인지, 그래서 응대율이 몇 %인지 실시간으로 집계된다. 이 통계치는 매일 기록되고, 한 달 치 통계로 해당 지역 고객센터의 등급과 급여가 달라졌다.

비슷한 또래와 언니들과 지내는 생활은 처음에는 재미있었다. 스트레스가 스트레스인 줄도 몰랐다. 모두가 받는 스트레스니 그러려니 했다. 하지만 상처가 있으면 치료를 받아야 하는데, '그러려니' 하고 넘겼던 마음의 상처가 나중에는 곪아서 터졌던 것 같다.

중간에 고객센터에 개편이 있었다. 내가 일하던 경북지역은 평일 낮 근무만 했는데, 대구지역과 통합이 되면서 24시간 근무체제로 바뀐 것이다. 월급을 더 많이 주는 대구지역으로 이동한 직원들도 있었고, 야간근무가 벅차서 퇴사를 선택한 분들도 계셨다. 나는 고향에 사무실이 있는 경북지역에 남길 원했고, 교대근무가 시행되었다.

하루는 9시부터 18시까지 주간근무, 이튿날은 18시부터 다음날 아침 9시까지 15시간 동안 야간근무를 했다. 야간근무를 하고 퇴근한 날과 다음 날, 이틀은 쉬었다. 일명 '주야비비' 근무였다. 야간근무는 2인 1조로 이뤄졌는데 한 달에 한 번 짝꿍이 바뀌는 방식이었다. 다행히 야간에는 상담 전화가 많지 않았다. 나는 막내였기에 언니들이 항상 간식 등 먹을거리를 챙겨주고 많이 아껴줬다. 그때 받았던 보살핌을 아직도 생생히 기억한다.

우리나라는 전기시설, 설비가 굉장히 잘되어 있는 편인데도, 한여름에 천둥과 번개가 친다거나, 태풍이 불 때는 속수무책이었다. 한 지역에 정전이 일어나면, 갑자기 고객센터 전화기에 불이 난 것처럼 전화가 밀려들었다. 대부분 정전은 밤중에 많이 일어나고, 야간에는 짝꿍 언니와 나, 둘뿐이어서 전화를 다 감당할 수 없었다. 발을 동동 구르면서 안간힘을 쓰며 전화를 받았지만, 소용없었다. 받는 콜보다 놓치는 콜이 훨씬 많았다. 당연히 응대율은 처참했다.

아침에 출근하신 팀장님은 10%도 채 안 되는 응대율을 보시면 황망한 눈길을 보내셨다. 하루 치 응대율을 다 날려버린 것이다. 그런 날은 아무리 주간에 다른 직원들이 휴식시간 및 잔무처리시간을 최소한으로 줄이고, 응대를 열심히 한다 해도 90%대로 다시 진입할 수가 없다. 태풍이 휩쓸고 간 날은 밤새 잠도 못자고 전화를 받았지만, 죄인이 된 기분으로 퇴근했다.

그렇게 3년을 열심히 일하던 어느 날, 갑자기 요즘 말로 흔히 말하는 현타(현실자각타임)가 왔다. 나름대로 일 잘한다고 평가받을 때였다. 대구지역에서 스카우트해 가겠다고도 했고, 강사로 전향을 하라는 제의를 받을 때였다, 그런데도 매일 전화로 욕먹고 무시당하면서 받는 대가가 한 달에 150만 원도 안 되었다.

2009년 여름, 내 앞날에 대해 진지하게 고민하기 시작했다. '나는 왜 이 일을 하고 있지? 무엇을 하고 싶은 사람이었지? 앞으로 무엇을 해야 하지? 평생 고객센터 상담원으로 뼈를 묻을 건가?' 꼬리에 꼬리를 물고 생각이 이어졌다.

원해서 시작한 일은 아니었다. 하지만 워낙 긍정적인 성격으로 업무에서 재미와 사명감을 느끼려고 노력했다. 내가 받는 한 통의 친절한 전화가, 귀가 어둡고 딱딱한 말투를 쓰는 상담원이 부담스러운 시골 지역 어른들에게 도움이 되면 뿌듯한 일이라고 생각했다. 그런데도 '이건 아닌데…. 내가 있을 곳은 지금 이곳이 아닌데…' 하는 생각이 머릿속을 떠나질 않았다.

우리 집은 별일이 없는 한 식사는 가족이 다 같이 모여서 했다. 어느 날 저녁을 먹고 상을 치우고 나서 엄마와 과일을 먹다가 왈칵 눈물이 쏟아졌다. 이유 없는 눈물이었다. 엄마에게 회사에서 스트레스를 받는 것 같다고 이야기를 한 적은 있었지만,

딸의 폭포수 같은 눈물에 엄마도 적잖이 당황했다. 마침 아빠도 안방에 계시기에 퇴사하고 싶다는 뜻을 밝혔다. 당연히 안 된다며 반대하실 거라고 생각했던 아빠였는데, 의외의 대답이 들려왔다. "뭐 하고 싶은데? 계획서를 써서 가져와봐라"라고 하시는 것 아닌가? 승낙도 아니고 거절도 아닌데 내 귀에는 승낙으로 들렸다.

그길로 내 방으로 돌아왔다. 무슨 연유에선지 단박에 경찰을 해야겠다는 생각이 들었다. 앞뒤 잴 것 없이, 오로지 경찰을 해야겠다 싶었다. 그래서 A4 용지에 내가 경찰을 어떻게 준비할 것인지에 대해 계획서를 작성했다. 그 계획서는 이러했다.

'나는 2년의 기간을 잡고 경찰 시험 준비를 한다. 2년이 지난 뒤에도 합격하지 못하면 공부는 그만두고 부모님이 하라는 것을 군말 없이 따른다. 수험 생활은 내가 번 돈으로 한다. 부모님께 일절 도움받지 않는다. 공부는 서울 대방동에 있는 경찰전문학원에서 한다.'

살면서 계획서를 처음 써봤다. 초등학교 때 방학계획표도 언니와 동생 것을 베껴서 썼던 나였는데, 하고자 하는 것이 생기니 술술 써지는 것이 아닌가! 학원 사진도 뽑아서 계획서에 넣고, 학원 수업 일정표도 기재했다. 나의 일과표도 같이 첨부했다.

말없이 나의 계획표를 살펴보시던 아빠는 "네 인생인데 네가 원하는 걸 해야지. 열심히 해봐라"라고 말씀하셨다. 천상 경상도 남자에 긴말하지 않던 아빠였다. 아빠의 짧은 말에서 나를 향한 신뢰와 믿음, 응원이 느껴졌다.

머뭇거릴 이유가 없었다. 다음 날 바로 회사에 퇴사를 통보했다. 그달까지만 근무하기로 했다. 모두 헤어짐을 아쉬워했지만, 딸 같고 동생 같은 스물다섯의 어린 나를 응원해주었다. 어디서든 잘할 것이라고, 더 좋은 모습으로 만나자고 서로에게 건투를 빌었다. 함께했던 3년 9개월의 시간이 추억 속 한 페이지가 되는 순간이었다.

존버 정신으로
버티기

처음 경찰학원에 상담하러 간 날, 모든 것이 신세계였다. 경찰 공무원 시험을 준비하는 경시생들이 이렇게 많다니! 1층 출입 문에는 외부인이 출입할 수 없도록 지하철 바리케이드 같은 것이 설치되어 학원등록증을 찍어야만 출입할 수 있었다. 밖에서 볼 때는 평온해보이기만 하던 학원 안은 밀폐된 하나의 왕국 같 았다. 1층부터 5층까지 오로지 공부만을 위한 공간이 존재했다. 이곳에서 공부하다니, 심장이 두근거렸다. 이제부터 시작이다!

경찰을 준비하기 위해 찾다 보니 경찰 시험 준비생들을 위한 전문학원이 전국 각지에 정말 많았다. 그중에서도 내가 이 학원을 선택한 이유는 단 하나였다. 바로 우리 학원은 첫 등록비를 내면 기본 수업을 평생 무제한으로 수강할 수 있었다. 한 푼이라도 아껴야 하는 처지에 굉장한 장점으로 느껴졌다.

엄마와 함께 상담하러 갔던 날, 경찰학원의 실장님이라는 중년 여성을 만났다. 엄마와 동년배로 보였는데 앞으로 나를 잘 챙겨줄 테니 걱정하지 말고 믿고 보내시라고 했다.

학원 일정은 월, 화, 수, 목, 금요일까지 요일별로 진행되었다. 하루에 한 과목씩 수업이 진행되었다. 예를 들어, 월요일에 경찰학개론 수업이 있다면, 오전 9시부터 12시까지는 A파트 진도를 나갔다. 오후에는 오전에 배운 부분을 복습하며 문제 풀이를 했다. 저녁에는 동일 과목, 다른 파트 진도를 나갔다. 이런 식으로 경찰 시험에 필요한 5과목 진도를 나가는 방식이었다. 이미 나는 이 학원을 다닌다고 마음먹은 상태였고, 10월에 한 과목이 처음부터 진도가 나갈 차례라고 해서 10월부터 학원에 다니기로 했다.

당시 서울 강남성모병원 중환자실에서 간호사 생활을 하던 여동생의 원룸이 서울대입구역에 있었다. 여동생과 함께 지내며 새벽 4시 30분에 기상해서 아침을 먹고 학원에 오면 6시가 조금 넘었다. 이미 수많은 학생이 공부하고 있었다. 무엇을 해야 할지 모르지만, 뭐라도 해야 할 분위기였다. 처음 온 티를 내고 싶지 않아 영어 단어장을 펼쳐 들고 집중해서 공부하는 척했다.

첫날 배웠던 과목과 느낌, 분위기가 10년이 훌쩍 지난 지금까지도 생생하다. 형법이라는 과목이었는데, 첫 수업을 수강하고 든 생각은 '큰일 났다! 한국말로 강의하시는 거 맞아?'였다. 생전 처음 접하는 법 과목이라 단어조차 생소한데, 말하는 속도가 빠른 교수님인지라 한 단어도 제대로 알아들을 수 없었다. 집중하고 싶은데, 무슨 말인지 모르겠으니 짜증이 밀려오고 잠이 쏟아졌다. 어쩌나 졸았던지 머리를 꾸벅이길 수십 번을 했다.

그날 집에 가면서 엄마에게 큰일 났다고 우는소리를 했다. 처음에는 다 그런 거라며 첫술에 배부를 수 없다는 부모님 말씀에 정신을 가다듬었다. 그런데도 첫 수업의 충격과 여파는 생각보다 오래갔다. 형법은 내게 '어려운 과목'이라는 트라우마로 남았고, 다른 과목들이 속속 성적이 오르는 와중에도 형법만은 1년 동안 100점 만점에 40점을 맞질 못했다.

처음부터 너무 힘을 빼면 수험 생활에서 금방 지쳐 나가떨어질 것 같았다. 초반에는 아무것도 모르니 자습을 할 수도 없었고, 저녁 강의가 끝나면 밤 10시쯤 귀가했다. 그리고 집 앞 놀이터에서 매일 밤 줄넘기 500개를 했다. 공부하려면 지구력도 필요하고 오랜 시간 앉아 공부하는 끈기도 필요했다. 흔히 말하는 엉덩이 힘이 필요한 것이다. 공부할 시간도 부족하고 돈 들여가며 헬스장에 갈 여유도 없었기에 가장 손쉽게 택한 것이 줄넘기였다. 만만히 보고 시작했는데 처음에는 300개도 쉽지 않았다. 그렇게 반년, 1년을 하다 보니 무겁던 몸도 가벼워지고 1,000개, 3,000개도 거뜬히 할 수 있게 되었다. 줄넘기가 쉽고 재미있게 느껴졌고, 그때부터 줄넘기는 내가 잘하고 좋아하는 운동이 되었다.

공부를 시작하면서 나는 단벌 신사가 되었다. 머리는 항상 올림머리(일명 똥 머리)로 고정하고, 복장은 5천 원짜리 시장표 운동복 바지에 티셔츠, 점퍼가 끝이었다. 옷 고르는 데 에너지 쏟지 않게 단 2, 3벌로만 생활했다. 주변의 시선은 개의치 않았고, 세상과도 단절했다. 스물다섯 살에 경찰 수험공부를 위해 서울로 상경하면서 하루라도 못 보면 죽을 것처럼 매일 어울려 다니며 술 마시고 놀던 고향 친구들에게도 선포했다. "나 공부하러 서울에 가. 무슨 공부인지는 아직 말 못 해. 합격해서 말할게. 그때까지는 연락 안 될 거야"라는 일방적인 통보였다. 친구들은 많이 서운해했지만, 누구보다 응원해주었고 기다려준 고마운 인연들이다.

공부를 시작한 2009년 말에는 어느 정도 스마트폰이 보급된 시절이었지만 나는 2G 핸드폰을 사용했다. 용도는 오로지 부모님께 보내는 안부 문자와 전화였다. 스마트폰이 있으면 인터넷을 하고 싶어질 것이고, 공부할 시간을 좀먹을 뿐이었다. 나는 내 의지를 믿지 않았고, 할 수 있는 것은 세상과 나를 단절시키는 방법뿐이었다.

학원에서도 처음에는 아는 사람 하나 없이 1년을 아무와도 친해지지 않고 오로지 교수님들과만 소통하며 지냈다. 외롭다는 생각, 그만하고 싶다는 생각, 이렇게까지 해야 하나 하는 생각들은 사치였다. 나는 오로지 목표만을 생각하고 있었다. 살면서 이렇게 간절해본 적이 없었다. 공부하면 할수록 경찰에 대한 꿈이 확고해지고 간절해졌다. 처음 시작은 '경찰 해보고 싶다'였지만 시간이 지나면서 '반드시 경찰이 된다'라고 바뀌었고, 어느 날은 너무 간절한 나머지 공부하다가 눈물이 나기도 했다.

하지만 학원에서 해주는 기본 수업만으로는 한계가 있었다.

특히, 영어는 반드시 넘어야 할 산이었다. 고등학교를 실업계 학교를 나왔기에 영어를 접할 일이 거의 없었다. 실업계 고등학교에서 익힌 영어 수준은 이전 일반 중학교 교과서 수준을 따라가질 못했다. 살면서 영어가 필요한 순간이 없을 것이라고 생각했는데, 지금은 절대적으로 영어가 필요한 순간이었다.

다른 과목은 몰라도 영어만은 특별 과외가 필요했다. 학원 안에 과목마다 별도의 과외를 하듯이 개설된 단과 강의가 있었다. 학원 정규강의 강사님의 영어 스타일을 따라가지 못했던 나는 외부에서 초청된 강사님의 강의를 수강했다. 알고 보니 토익 분야에서 굉장히 이름난 교수님이셨다. 교수님을 알게 된 것은 내 인생의 천재일우(千載一遇) 같은 기회였다.

꾀꼬리 같은 목소리로 출제 빈도가 높은 문법 유형과 필수 영어단어, 암기법들을 반복해서 알려주셨다. 단과 강의는 별도의 수강료를 지급해야 하지만 투자할 가치가 있었다. 초기에는 아는 단어가 별로 없어서 눈에 띄는 변화가 없었다. 게다가 문법을 아무리 달달 외워도 시험에 적용이 되질 않았다. 문제를 보는 눈이 없고 응용력이 없었다. 나의 문제를 꿰뚫어 보신 교수님은 기초부터 짚어주셨다. 문법을 보는 법, 암기한 내용을 적용하는 법까지 하나하나 알려주셨다. 덕분에 영어에 대한 자신감이 붙었고, 할 수 있다고 생각하니 영어가 어렵지 않게 느껴졌다. 자신감은 성적으로 직결되었다.

모든 공부가 그렇듯, 할 만하다고 생각하고 자신만만할 때쯤이면 반갑지 않은 손님이 찾아온다. 바로 슬럼프다. 슬럼프가

온 줄도 모르고 불같은 수험 생활을 했지만, 지나고 보니 내게
도 슬럼프가 있었다. 바로 전 과목의 과락 점수대였을 때다. 합
격은 둘째치고 일단 과락에 걸리지 않기 위해서 과목마다 40점
을 넘어야 하는데, 그 40점의 고지를 넘기가 너무 어려웠다. 전
과목 40점의 고비를 넘기기까지 꼬박 1년이 넘게 걸렸다. 형법
은 1년이 넘도록 20점을 넘지 못했다. 첫 모의고사에서 10점을
받고는 헛웃음이 나왔다. '반년을 넘게 죽도록 공부했는데 100
점 만점에 10점이라고? 막 찍어도 20점은 나온다는데 이 정도
면 나는 바보인가? 공부도 때려치워야 하는 거 아냐?' 하는 생
각이 절로 들었다.

　모든 슬럼프가 그렇듯 지나고 보면 큰 도약을 할 수 있는 시
기가 바로 슬럼프다. 시련은 변형된 축복이라더니 40점 언저리
에서 돌던 시험 점수가 반년 사이에 비약적으로 상승했다. 합격
권 점수대로 올라간 것이다! 반년 사이에 어떻게 이런 일이 일
어날 수 있었을까?

　형법을 정규강의만 들을 수는 없었다. 토요일에 무료 강의를
해주시던 다른 교수님을 찾아갔다. 1년을 공부했는데 여전히 형
법이 두렵고, 귀에 들어오지 않는다고 털어놓았다. 친해질 리 없
다고 생각했던 남의 나라말인 영어도 친해졌는데, 우리나라 말
로 하는 형법이 나의 합격을 가로막고 있다고 털어놓았다. 그때
부터 토요일에는 형법 무료 강의 수업을 들었다. 진도는 느리지
만, 교수님은 형법 입문자들의 눈높이에서 상세하고 쉽게 강의
해주셨다. 1년에 거쳐 형법 총론 수업이 끝나고, 또 1년에 거쳐
형법 각론 수업을 수강했다. 그리고 나니 형법을 이해할 수 있

었고, 문제를 풀어도 겁이 나지 않았다.

대나무의 성장 속도를 아는가? 대나무는 심고 나서 4년간은 30cm도 채 자라지 않다가 5년째부터는 급속도로 성장해서 하루 최대 60cm까지도 성장한다고 한다. 돌이켜 보면 나의 수험 생활이 그랬다. 처음 1년간은 실력이 자랄 기미가 없었다. 반년이 지나면 성적이 향상되는 다른 이들과는 달리 1년째 제자리걸음이었다. 그러나 그동안 나의 내공은 드러나지 않게 내 안에서 축적되고 있었다. 1년 반이 지나고 모든 과목의 공부량이 임계점에 치닫자 시험 점수가 비약적으로 상승했다. 모든 과목 합격권에 도달한 것이다.

2009년 10월, 경찰학원에 발을 디뎌 2011년 8월 27일에 실시된 2차 경찰채용시험에서 서울 여경 평균 86점 대비 필기점수 92점으로 당당히 합격할 수 있었다. 수험공부를 위해 서울에 상경한 지 1년 10개월 만이었다.

당시 2011년 2차 경찰채용은 수사에서 한국사로 수험과목이 변경되기 전 마지막 시험 기회였다. 이례적으로 여경의 채용 규모도 대폭 확대되어 1년간 채용인원이 예년보다 평균 3배 수준으로 증가했다. 하늘이 준 기회처럼 느껴졌다.

나는 어렸을 때부터 운동 신경이 좋은 편이었다. 초등학교 때 운동회는 내가 제일 좋아하는 날이었고, 계주 주자로 뛰어보지 않은 적이 없다. 계주의 꽃인 마지막 주자도 몇 차례 할 정도로 잘 달리는 편이었기에 체력시험의 악력 측정과 팔굽혀펴기를 제외한 3과목은 자신이 있었다. 평소 필기시험을 준비하면서 틈틈이 기초체력을 키우기 위한 운동을 병행했다. 필기시험에 합격한 이후에는 매일 체력 증진과 체력 측정 과목들의 점수 증진에 매진했고, 체력시험 또한 나쁘지 않은 성적으로 통과했다. 마지막 면접시험도 잘 치를 것만 같은 예감이 들었다. '예년보다 3배나 뽑는데, 설마 떨어지겠어? 가서 이상한 짓만 하지 말자. 선하야'라고 생각했다. 필기시험 합격까지가 어려웠지 필기시험에 합격하니, 체력과 면접은 무난히 합격할 수 있을 것 같았다. 이제 며칠 뒤면 더는 우중충한 대방동 고시원이 아닌, 꿈에 그리던 충주 경찰학교에 가 있을 멋진 나의 모습만을 그리고 있었다.

최종 면접에서
불합격하다

면접까지 치르고 최종 합격자 발표 날에 나는 언니, 여동생과 공항에 있었다. 자매끼리 제주도로 첫 여행을 떠나는 날이었기 때문이다. 비행기 탑승 직전, 핸드폰으로 문자와 전화가 연달아 오기에 내심 '같이 수험 공부했던 친구들이 좋은 소식을 전해주려는 것인가 보다' 하고 기대하고 전화를 받았다.

요즘은 개인정보보호를 위해 합격자 발표 창에 수험번호만 공개된다. 하지만 당시에는 개인정보를 지금처럼 중요하게 생각하지 않을 때라 필기시험 합격자 발표 사이트에 해당 지역 합격자들의 이름이 모두 공개되었다. 심지어 최종 면접 합격자 발표도 해당 지역 전체 합격자들의 명단을 확인할 수 있었다.

"배선하. 괜찮냐? 이게 무슨 일이냐. 당연히 넌 될 줄 알았는데…"라는 친구의 말에 최종 면접에서 불합격했다는 사실을 알았다. 순간, 세상이 멈춘 기분이었다. 공항의 시간과 모든 사람이 정지한 느낌이었다. '내가 지금 현실에 있는 게 맞나?' 하는 생각이 들었다. 어안이 벙벙하고 현실 감각이 없어서 눈물도 나지 않았다. 합격자 발표도 보지 못하고 제주도로 떠나는 나를 배려해서 전하기 힘든 소식을 전해준 친구에게 고맙다 인사하고, 수험 생활을 같이해온 친구의 합격을 축하해주었다.

제주도로 떠나는 비행기 안에서 나는 침묵했다. 무슨 일이냐며 묻는 언니와 동생에게 아무 말도 할 수 없었다. 내심 합격하지 않을까 기대하며, 합격 축하 여행을 하려 했던 것이 위로 여행이 되어버렸다. 숨길 수만은 없기에 제주도 숙소에 도착해서 언니와 동생에게 불합격 사실을 털어놓고, 집에서 합격 소식을 기다리고 계실 부모님에게도 불합격의 슬픈 결과를 통보해야 했다. 언니와 동생은 본인들의 일인 것처럼 슬퍼했다. 나는 눈물 한 방울 흘리지 않았다. 아니, 현실성이 없고 믿기지 않아 눈물도 나지 않았다. 내가 흘릴 눈물을 언니와 동생이 대신 다 쏟아 주었다.

그날 저녁, 아빠에게서 전화가 왔다. "선하야, 고생했다. 네가 한 노력을 우리는 다 안다. '희망은 청춘의 영원한 생명수'다. 희망을 품고 네가 하고 싶은 대로 해봐라. 언니랑 동생이랑 맛있는 음식 많이 먹고, 좋은 거 많이 보고 훌훌 털어버리고 와라"라고 말씀해주시는 아빠의 목소리는 술과 눈물에 젖어 있었다. 2년의 세월을 경찰 시험 합격에만 매진했던 딸이 자책하지 않을까 걱정도 되고, 일말의 부담도 주고 싶지 않은 아빠의 마음이 온전히 전해졌다. 나도 모르게 참았던 눈물이 하염없이 흘렀다.

여행에서 돌아온 후, 나는 경찰 시험을 포기하기로 했다. 본래 나는 경찰 시험 최종 합격까지 2년의 기간을 잡고 시작했고, 최종 면접에서 떨어졌을 때가 내가 생각했던 마지노선인 2년이 되던 시기였다. 더욱이 내가 최종 불합격했던 2011년 하반기 경찰공개채용 시험은 5개의 시험과목인 경찰학개론, 수사, 형법, 형사소송법, 영어 중 수사과목이 마지막으로 시행되었던 시험이었다. 2012년 상반기 시험부터는 수사과목이 폐지되고 한국사 시험으로 변경될 예정이었다. 문제는 수사과목이 나의 주력 과목이었다는 것이다.

수사는 항상 만점 내지는 많이 틀리면 한 문제를 틀리는 고득점 과목이었다. 수사과목이 폐지된다는 것만으로도 청천벽력(靑天霹靂) 같은데, 상고를 나와서 한 번도 접하지 못했던 한국사 과목으로 변경된다니 눈앞이 캄캄했다. 게다가 최종 면접에서 불합격하면 다음 필기시험까지는 준비 기간이 3달도 채 남지 않는다. 그 시간 안에 한국사라는 새로운 과목을 처음부터 시작할 자신이 없었다. 이제 공부를 그만하라는 하늘의 계시처럼 느껴졌다. 포기할 줄도 알아야 한다는 생각에 과감히 포기하기로 했다. 안되는 이유만을 생각하며 자기 합리화를 하던 시기였다.

2주간 집에서 뒹굴며 했던 생각은 단 한 가지뿐이었다. '왜 최종 면접에서 떨어졌을까? 마지막 질문에 잠간 머뭇거렸던 것 때문에 떨어진 것일까? 필기시험도 잘 봤고, 체력시험도 높은 점수를 받았는데, 면접에서 떨어진 데에는 이유가 있을 텐데. 그 이유라도 알았으면 좋겠다.' 도돌이표처럼 같은 질문이 머릿속을 맴돌았다.

그러던 중 고향 집으로 한 통의 편지가 도착했다. 같이 수험생활을 했던, 내가 떨어진 채용시험에 합격한 동생이 보내온 편지였다. 내용은 이러했다.

'공자 누나(항상 올림머리를 하고 공부하는 모습이 공자를 닮았다고 해서 붙여진 별명이다), 내가 아는 사람 중에 가장 열심히 공부한 사람은 누나예요. 누나가 경찰을 안 하면 누가 해요? 내가 아는 여경 중에 가장 멋진 여경은 누나가 될 거예요. 공부하면서 힘들 때마다 누나 뒷모습을 보면서 쫓아갔어요. 이번엔 운이 좋지 않았지만, 누나의 내공이라면 다음 시험엔 반드시 합격할 거예요. 우리 경찰학교에서 만나요.'

꾹꾹 눌러 쓴 편지에 동생의 진심이 멀리서도 전해졌다. 마지막으로 조금만 더 힘내라는 응원이 필요했던 것일까? 몇 장에 걸친 동생의 편지를 읽으며 지난날 공부해왔던 내 모습을 떠올려봤다. 돈이 아까워 김밥 한 줄, 주먹밥 하나로 끼니를 때우던 모습이 생각났다. 오로지 공부에만 매달렸던 수험생 시절이 떠올라 자꾸만 눈물이 났다. 가슴 속에서 아직 경찰을 포기하지 못했음을 인정했다. 그리고 다짐했다. '그래, 마지막으로 한 번만 더 해보자. 마음에서 놓지 못한 것을 말로만 포기한다고 해서 되겠는가. 후회 없이 한번 해보자!'

경찰 공개 채용시험은 3단계의 과정을 거친다. 1차 필기시험, 2차 체력시험 및 신체검사·인성·적성검사, 3차 최종 면접이다. 그리고 최종 면접에서 합격하면 드디어 꿈에 그리던 경찰공무원이 될 수 있는 소양을 다지는 중앙경찰학교에 입성할 수 있다.

내가 공부했던 2012년 당시에는 1차 필기시험에 합격하기 위해서는 5과목 모두 최소 40점 이상을 받아야 했고, 1과목이라도 40점 미만이 되면 과락이라고 해서 무조건 불합격이었다. 과락은 면했다 할지라도 상대평가 시험이기 때문에 5과목의 총점수가 같은 지역 응시생 중에 평균 이상의 점수를 받아야만 합격할 수 있었다. 내가 응시했던 서울지역 여성 경찰관 채용시험은 당시 평균 점수가 86점이었다. 86점을 받으려면 5과목 100문제 중에서 14문제 넘게 틀리면 안 된다는 이야기다.

2차 체력시험은 100m 달리기, 1,000m 달리기, 양손 악력 측정, 윗몸 일으키기, 팔굽혀펴기. 총 5종목으로 치러졌다. 체력시험 또한 과락이 존재했다. 예를 들어 윗몸 일으키기 최하점이 1분에 30개를 해야 한다 치면, 1분에 29개만 성공한 수험생들은 과락으로 그 자리에서 바로 귀가시킨다. 당시 체력시험에 센서 장비들이 도입되면서 윗몸 일으키기도 센서가 측정하는 안의 범위에 도달해야만 인정 개수가 올라가고, 조금이라도 동작이 흐트러지면 시험 감독관이 개수를 차감했다. 체력시험장은 한 치의 실수도 용납되지 않았고, 측정 과목에서 과락이면 바로 집으로 가야 하기에 비장한 분위기마저 흘렀다. 체력시험을 치르는 날에는 신체검사와 인성·적성검사를 같이 치른다. 신체검사를 통해 공무원의 품위를 손상하는 문신 등이 있는지를 확인하고, 인성·적성검사 시험지를 토대로 최종 면접에서 질문지로 사용한다.

3차 면접은 5명이 한 조로 이뤄져 공동 면접을 본다. 개별 질문과 공통질문, 정해진 주제를 가지고 수험생끼리 토론하는 면접을 보기도 한다. 심층 면접이라고 해서 별도의 면접장에 1명씩 들어가 선배경찰관과 심리상담가 등의 면접관들에게 압박 질문을 받기도 했다. 모든 면접 과정이 손에 땀을 쥐게 했다.

이 과정을 처음부터 다시 거쳐야 한다니, 아찔하기만 했다. 결국은 오만이 부른 결과였다. 당시 나의 필기시험 합격 점수는 92점으로 다른 수험생들에 비해 높은 점수였다. 체력시험 또한 5종목 중 3종목에서 만점을 받았고, 나머지 2종목도 만점에 가까운 점수였기에 좋은 점수였다고 볼 수 있다. 체력시험 전문 학원에 다니고, 면접스터디를 하는 등 충분히 준비했다고 생각했는데, 아니었다. 너무 자신만만했다. 겸손한 척했지만 면접관들에게는 나의 오만이 보였던 것 같다. 경찰관이라는 명예로운 타이틀을 달기에는, 제복을 입고 법을 집행하는 거리의 재판관이 되기에 당시의 나는 부족했다. 고배를 마시고 나니 나의 지난날을 되짚어 볼 수 있었다.

최종 면접에서 불합격했지만, 끝이 아니었다. 불합격 통지를 받은 날 아빠가 말씀해주신 '희망은 청춘의 영원한 생명수'를 가슴에 품고 다시 시작하기로 했다. 가슴에서 경찰을 향한 열망이 더욱 활활 불타올랐다.

05

이렇게 공부했으면
서울대도 갔겠다

머뭇거릴 시간이 없었다. 나는 2012년 2월 25일에 있을 상반기 채용시험에 마지막으로 한 번 더 응시하겠다고 다짐했다. 그리고 그날 저녁, 부모님께 포부를 말씀드리고 다음 날 아침 일찍 짐을 쌌다. 그러고는 수험생 시절 지냈던 서울 대방동 고시원으로 향했다.

내가 공부한 곳은 고시생들의 메카라 불리는 서울 노량진 옆인, 대방동의 경찰학원이었다. 버스로 30분 거리에 있는 여동생의 집에서 함께 지내다가 이번에는 학원에서 도보 1분 거리에 있는 고시원에 방을 얻었다. 학원에서 멀어질수록 고시원 방값이 조금 저렴하기는 했다. 하지만 길에다 버리는 시간은 1분, 1초도 아까웠기 때문에 가장 가까운 고시원을 선택했다. 생각해 보면, 수험생 시절에 주변을 둘러보며 여유롭게 길을 걸어 본 적이 없다. 늘 마음이 급했고 1초가 아쉬웠기 때문에 학원을 갈 때 무조건 뛰다시피 걸었다.

수사과목이 폐지되고 한국사로 변경될 것이라는 공지는 1년여 전부터 있었다. 그 때문에 1년 전에 수험 생활을 시작한 수험생들은 처음부터 한국사를 준비해왔다. 하지만 나는 아니었다. 최종 면접에서 불합격한 데다 2주의 시간을 집에서 허비했다. 그 때문에 60일도 채 남지 않은 시간 동안 한국사의 모든 것을 하나부터 열까지 새로 익혀야만 했다. 다행히 나머지 4과목은 합격권 점수에 다다른 상태였기 때문에 한국사를 중점적으로 파기로 했다.

이때부터의 일과는 단순했다. 새벽 5시 30분 기상, 고시원 방에서 부모님이 보내주신 반찬으로 식사 해결, 학원이 문을 여는 시간인 새벽 6시에 학원 자습실에 도착, 그리고 7시까지 매일 한 시간 동안 영어공부를 했다. 영어단어도 외우고 영문법 공부도 하고 문제 풀이도 했다. 상고를 나왔기 때문에 영어 실력이 현저히 떨어져서 매일 공부를 통해 영어에 대한 감을 유지하는 방법밖에는 없었다. 살면서 영어와 한국사는 공부할 일이 없을 거라고 생각했는데…. 인생은 뜻대로 흘러가지 않는다는 말이 딱 맞았다.

영어공부가 끝난 오전 7시부터 저녁 6시까지 11시간 동안에는 오로지 한국사만 공부했다. 점심 식사는 고시원 방에서 해결하거나, 김밥 한 줄이나 주먹밥 또는 초콜릿 과자 한 봉지로 1,000원에서 2,000원 내에서 해결했다. 첫 직장에서 일하며 번 돈으로 시작한 공부였다. 그래서 최소한의 돈을 들이는 게 목표이기도 했다. 게다가 밥을 많이 먹으면 미친 듯이 잠이 쏟아져서 잠과 싸우느라 제대로 집중할 수 없었다. 비싼 돈을 써가며

밥 먹었더니 공부가 잘되기는커녕 잠만 쏟아지다니, 미치고 팔짝 뛸 노릇이었다. 자린고비라는 소리도 들어보고 독하다는 소리는 부지기수로 들었지만, 그런 것은 내게 중요하지 않았다. 내게는 오직 합격만이 중요했다.

저녁은 고시원 방에서 해결하거나 학원 내의 매점에서 컵라면 하나로 해결했다. 살면서 먹을 컵라면을 수험 생활하면서 다 먹은 것 같다. 식사 후 저녁 6시부터 학원 문을 닫는 11시까지는 경찰학개론, 형법, 형사소송법, 영어를 하루 한 과목씩 번갈아서 4~5시간씩 공부했다. 아무리 합격권에 올라온 점수라도 며칠만 공부하지 않으면 금세 성적이 떨어지게 마련이었다. 게다가 1년에 한 번씩 법이 개정되기 때문에 세심히 살피지 않으면 개정되기 전의 내용을 공부할 수도 있다. 꼼꼼히 살펴봐야 하는 이유였다.

내가 다니던 경찰학원에는 기본 수업을 받는 교실, 단과수업이라고 부족한 과목만 선택적으로 보충해서 듣는 교실, 자습실이 있었다. 자습실은 어느 정도 수험 공부를 한, 혼자 공부할 시간이 필요한 수험생들이 모여 공부하는 곳이다. 대개 필기시험을 준비하는 수험생들이다.

한동안 보이지 않던 수험생이 어느 날 다시 자습실에서 필기시험을 공부하는 모습을 종종 볼 수 있었다. 최종 면접에서 불합격한 수험생들이었다. 이제 내가 그 처지가 된 것이다. 필기시험과 체력까지 합격하고 면접시험까지 치렀다는 수험생이 합격자 발표 이후에 다시 나타나니 다들 측은하게 보는 것만 같았다. 힘내라는 응원도 많이 들었고, 괜스레 간식을 주고 가는 사람들도 있었다.

필기시험에 합격할 정도의 실력이 되면 학원에서 치르는 모의고사에서 대부분 상위권에 이름이 오른다. 우리 학원은 한 달에 한 번 실제 채용시험이 치러지는 요일과 같은 요일, 같은 시간대에 모의고사를 실시했다. 그리고 전체 석차를 게시판에 공고했다. 점수는 비공개였으나 이름과 석차가 공개되는 방식이었다. 그러니 어느 정도 상위권 점수를 유지하는 수험생에 대해서는 말은 안 해도 다들 관심을 가지고 지켜본다. 일종의 호기심과 부러움이었다. 모의고사 상위권 유지는 필기시험 합격에 가까워지는 등용문 같은 것이었다.

돌이켜 보면 수험 생활은 나의 또 다른 면을 발견한 시간이었다. '나도 이렇게까지 무언가를 간절히 열망할 수 있구나. 나도 목표에 온전히 집중하고 몰입할 수 있는 사람이었구나. 내가 여태 술만 퍼마시고 될 대로 되란 식으로 살았던 것은 진정 원하는 것을 찾지 못해서 그랬구나'라는 깨달음 말이다. 목표에 집중하는 내가 기특했고, 몰입할 수 있는 대상이 있다는 것에 감사했다. 살면서 처음으로 공부하다가 코피도 쏟아 보고 살도 10kg 넘게 빠졌다.

공부하는 것이 즐겁기도 했지만, 한편으로는 헛웃음이 났다. 학창시절에 몰랐던 공부의 즐거움을 뒤늦게 깨달은 것이 안타까웠다. '이렇게 공부했으면 서울대도 갔겠다!'라는 말은 같이 수험 생활을 했던 친구들과 우스갯소리로 자주 했던 말이다.

최종 면접에서 불합격하고 돌아왔을 때는 같이 수험 생활하며 의지가 되었던 친구들이 거의 합격한 상태였다. 이제는 옆도 뒤도 돌아볼 새가 없었다. 앞만 보고 달리는 경주마처럼 하루 24시간을 오로지 필기시험 합격만 생각했다.

한국사는 학원에서 강의하시는 교수님의 인터넷 강의를 듣고 또 들었다. 다행히 교수님의 강의 스타일은 나와 잘 맞았다. 단순 주입식 교육이 아닌, 그 시대의 상황과 사례를 들며 해주시는 설명이 귀에 쏙쏙 박혔다. 간절했기 때문에 더 깊이, 빨리 와닿았다. 1, 2회독은 정상 속도로 수강하고, 3회독은 1.2배속, 4회독은 1.5배속으로 전체 강의를 수강했다. 전체를 다 암기할 수는 없었다. 그래서 반드시 한 문제는 나올 거라 예상되지만, 암기의 양이 턱없이 많은 주제는 과감히 포기하기로 했다.

5회독까지 몇 주 만에 끝낸 이후에는 바로 문제 풀이에 돌입했다. 필기시험일까지 시간이 넉넉하지 않았다. 그 때문에 이론 공부를 새롭게 하는 것보다 문제 풀이를 통해 실력을 키우는 게 좋겠다고 판단했다. 문제를 풀고 틀린 부분은 복습하고 강의 듣기를 무한 반복했다. 생각 없는 기계처럼 생활한 것이다. 처음에는 부지기수로 틀리던 문제들이 반복에 반복을 더할수록 점차 합격권 점수에 가까워지고 있었다. 시험지에 그려진 동그라미가 내게 주는 선물처럼 느껴졌다.

자습실 문이 닫히고 고시원에 돌아오면 밤 11시가 훌쩍 넘었다. 하루의 피로를 풀며 공용 욕실에서 샤워한 후 다음 날 먹을 밥을 준비해두고 잠자리에 들면 자정이 가까웠다. 고시원에는 공용 밥솥이 있었다. 밥솥에 밥이 있으면 언제든 먹고 싶은 만큼 먹을 수 있었다. 밥이 없으면 총무에게 밥을 해달라고 말해야 했다.

　공부하다 식사 때를 놓친 딸이 밥이 없어서 못 먹는다니. 나는 대수롭지 않게 생각했지만, 부모님에게는 가슴 아픈 일이었다. 공부하는 딸을 곁에서 보살피지 못해 늘 미안해하신 부모님은 한 달에 두어 번씩 밀봉 팩에 밑반찬과 국을 담아서 택배로 보내셨다. 처음 택배를 받았을 때 부모님의 자식 사랑과 정성에 반찬을 껴안고 울었다.

　말하지 않아도 딸이 좋아하는 반찬과 건강을 위한 반찬을 골고루 싸보내신 부모님. 비닐봉지에 담아 보내면 터질까 봐 직접 밀봉하는 기계를 사신 부모님. 그리고 반찬 하나하나를 밀봉 팩에 담아 터지지 않게 두 번, 세 번 싸매셨다. 택배 상자에 빈틈 없이 채워진 반찬뿐만 아니라 돈 아낀다고 사 먹지 않을 과일까지 채워 보내주셨다. 택배 상자를 싸면서 부모님은 어떤 마음이었을까. 감히 상상도 되지 않았다. 내가 할 수 있는 것은 그저 후회 없이 공부해서 목표한 결과를 보여드리는 방법밖에 없었다.

　두 달이라는 시간 동안 이제껏 채용을 위해 달려왔던 2년보다 갑절의 노력을 기울였다. 최선이라고 생각하며 노력했던 2년은 사실 그저 열심을 흉내 내는 데 불과했다. 눈코 뜰 새 없이, 스스로 후회 없이 공부해보니 하얗게 불태웠다는 말이 어떤 뜻인지 와닿았다. '2달 안에 한국사를 어떻게 통달해. 절대 못 해!'라고 울부짖었던 마음이 어느새 '해볼 만한데? 가능하겠다. 조금만 더 해보자. 후회 없이 하자'라는 마음으로 변해가고 있었다.

06

스물여덟,
경찰 시험에 합격하다

필기시험이 치러지는 대망의 2012년 2월 25일, 마지막에 마지막까지 공부하느라 밤새 2시간도 채 못 잤다. 혹자는 잠을 푹 자야 집중이 잘된다고 하는데, 나는 마지막까지 긴장의 끈을 놓지 않는 편이 시험 당시에 각성도 되고 집중이 되는 편이라는 것을 수험 생활을 통해 알았다.

경찰 수험공부 시작 후 실시되었던 4번의 필기시험에 모두 응시했었다. 이전까지는 시험 당일에 전 과목 기본서들을 한가득 짊어지고 갔었다. 공부량이 부족해서 시험 직전까지 책을 봐야 했다. 정작 수험장에서 책을 볼 시간도 없으면서 하나라도 없으면 안 될 것 같은 불안함에 이고 지고 갔었다. 하지만 이번에는 달랐다. 흔히 합격의 경지에 다다르는 고수가 되면 전 과목을 정리한 핵심 요약집 몇 장만 챙겨 간다더니, 처음으로 내 가방이 홀가분했다. 지금까지의 경험을 통해 불필요한 책들은 빼고 시험 직전까지 헷갈렸던 부분들만 모아서 정리해둔 요약본만 몇 장 챙겨 수험장으로 떠났다. 시험장으로 가는 동안, 지난 2달의 시간이 주마등처럼 지나가며 후회 없이 공부한 시간이 떠올랐다.

그날 필기시험을 치르면서 이상한 경험을 했다. 일종의 각성 상태였다. 시험지를 배부받아 문제를 풀기 시작한 순간부터 마지막 문제를 푸는 순간까지 진공 상태에 빠진 기분이었다. 귓가가 멍해지면서 정신없이 문제를 풀어갔다. 모르는 문제는 건너뛰었고, 마지막까지 문제를 푼 다음 다시 한번 더 봐도 모르겠는 문제는 미리 생각해간 번호로 찍었다. 시험지와 OMR 카드 답안지 번호를 하나하나 비교해가며 답안지에 표시까지 끝낸 순간, 긴장이 '탁' 풀리면서 현실로 돌아왔다.

다시 한번 시험지를 확인하려 했지만, 시험을 치르는 순간에 너무 몰입했던 탓일까. 에너지가 전부 소진되어 글자가 더 눈에 들어오지 않았다. 이제 시험의 결과는 나의 손을 떠났다. 어떤 결과가 나오든 받아들일 수밖에 없었다.

시험이 끝나고 합격자 발표가 나기 전까지는 며칠이 걸린다. 합격자 발표 전에 보통 자신의 점수가 합격권에 이르는지 확인해보는 방법이 있다. 사전채점이라고 해서 자신의 시험지 정답과 답안지를 비교해보는 방법이다. 요즘에는 자신의 시험지를 가지고 귀가할 수 있지만, 당시에는 시험지를 감독관에게 제출해야만 했다. 보통 필기시험이 끝나고 3시간 정도가 지나면 해당 시험 정답이 인터넷에 공개된다. 사전채점을 위해서는 자신이 기재한 정답을 알아야 한다. 그래서 시험장에서 답안지에 표시가 끝나면 재빨리 수험표 뒷면에 자신의 정답을 베껴 적었다. 시험 문제가 총 100문제이다 보니 정답을 옮겨 적기도 쉽지 않았다. 실수 없이 옮겨 적어야 정확한 사전채점이 가능하기에 시험시간 종료를 알리는 종이 울리기 직전까지 정신없이, 그러나 실수 없이 옮겨 적었다.

시험이 끝난 후 고시원 방으로 돌아와 못 잔 잠을 잤다. 푹 자고 일어나니 정답지가 인터넷에 공개되어 있었다. 마음을 비우고 차분히 채점해나가기 시작했다. 결과는 성공적이었다. 가장 정성을 들였던 한국사는 단 한 문제만 틀렸다. 그 한 문제도 무조건 나올 것이라 예상은 했지만, 범위가 너무 방대해서 포기했던 부분에서 나왔기에 틀려도 아쉽지 않았다. 전 과목 총점 88점이었다. 나쁘지 않은 점수였다.

그길로 노량진에 있는 경찰 체력시험과 면접스터디 전문 학원에 등록했다. 경찰학원에서 실장님으로 계셨던 분이 노량진에 신설하신 학원이었다. 수험 생활 내내 어머니처럼 돌봐주신 감사한 분이었다. 영어에 좌절해 울고 있을 때 단과 교수님을 추천해주셨고, 형법 때문에 머리를 쥐어뜯고 있을 때 토요일 강의를 추천해주신 분이다. 늘 "잘한다, 잘하고 있다"라는 칭찬으로 보듬어주셨고, 힘들 때마다 기운을 북돋워주셨던 내게는 은인이었다. 실장님께서는 내 필기시험 사전채점 점수를 듣고 당신 일처럼 기뻐하셨다.

학원에는 나처럼 필기시험 사전채점에서 합격권에 이르는 점수를 받은 수험생들이 많이 와 있었다. 당장 체력시험과 면접스터디 준비를 동시에 진행하셨다. 이미 면접에서 한 차례 고배를 마셨기에 주눅이 들어 있던 내 마음을 알아채신 실장님은 마치 처음 면접을 치르는 것처럼 체계적으로 준비해주셨다. 면접을 대비해 당시 시대적 분위기에 관한 공부 및 기본상식을 공부하고, 조를 나누어 실제 면접을 치르듯이 예상 문제로 가상의 면접도 치렀다. 그때 학원에서 알게 된 면접스터디 동기들은 10년이 지난 지금까지 연락하며 지낸다. 서로의 애환을 나누고 힘을 주는 소중한 동기가 되었다.

이번에도 체력시험은 좋은 점수로 합격했다. 기초체력도 있었고, 수험 생활을 시작하면서 꾸준히 해왔던 줄넘기도 한몫했다. 한 번의 체력시험 경험과 더불어 학원의 체계적인 시스템 덕분에 실제 체력시험 현장처럼 연습할 수 있었던 것이 큰 도움이 되었다. 마지막 남은 면접이 관건이었다. 이번 면접은 특별히 미용실에 사전 예약을 해서 헤어 및 메이크업을 받았다. 지난번 면접에서 떨어졌을 때 친구들이 우스갯소리로 말했다. "너 면접에서 떨어진 거, 네가 화장해서 그런 거야"라고 말이다.

새벽 일찍 도착한 미용실은 나처럼 면접을 보러 온 수험생들로 가득했다. 지난번 시험은 스스로 머리를 하고 화장을 했었는데, 그때와는 천지 차이였다. 28년 동안 화장 한번 제대로 안 해보다가 중요한 면접 날 혼자 화장하고 머리 손질까지 했으니, 잘될 리가 없었다. 면접 사이트에서 알려주는 면접관에게 신뢰감을 주는 색감을 선택해서 화장했다 해도 촌스럽기 그지없었다. 하지만 이번에는 아니었다. 단정하면서도 신뢰감을 주고 자신감 있는 모습으로 탈바꿈했다. 역시 전문가의 손길은 달랐다. 10만 원이라는 비용이 아깝지 않았다. 왜 진작 전문가에게 맡기지 않았던 것인지 후회되었다.

면접은 해당 응시지역 지방경찰청에서 치러졌다. 내가 응시한 지역은 서울이었다. 딸의 긴장을 풀어주기 위해 상경한 엄마의 손을 꼭 잡고 서울지방경찰청(이하 서울청)으로 향했다. 나보다 더 긴장한 엄마는 건물 밖에서 기다려야 했다. 잘하고 오겠다는 미소로 엄마를 안심시키고 나 홀로 면접장으로 향했다.

2012년 1차 경찰채용시험에서 서울지역 여성 경찰관 채용 예정 인원은 16명이었다. 내가 불합격했던 2011년 2차 서울 여경 채용인원은 112명으로, 지난 시험 대비 채용인원이 85% 이상 줄었다. 단 16명을 뽑는 데 응시한 인원은 무려 1,451명. 경쟁률이 90.6 : 1에 육박했다.

면접은 채용인원의 2배수에서 3배수로만 치러진다. 면접장에 모인 30여 명의 수험생을 둘러봤다. 다들 저마다의 노력으로 모인 자리였다. 나처럼 지난 시험에 불합격하고 재응시한 수험생들도 더러 보였다. 면접장에서 봤던 기억이 있어 눈인사했다. 죽을힘을 다해 공부하고 왔을 그들을 보니 동지애가 느껴졌다.

나는 1조에 배정되었다. 5명의 수험생이 같이 면접장으로 향했다. 첫 질문은 '영어로 자기소개하기'였다. 발표하고자 하는 수험생은 손을 들어 발언권을 얻었다. 면접스터디 예상 질문이었다. 다른 수험생이 먼저 발표했고, 더 발표를 원하는 지원자가 없기에 용기를 내 손을 들었다. 외워갔던 몇 줄을 실수 없이 발표할 수 있었다. 첫마디를 떼고 나니 긴장이 풀리면서 '발표하길 잘했다' 싶었다.

이후에는 사례 질문이 이어졌다. 경찰관 업무를 하면서 겪을 고충들, 돌발 상황에 대한 질문들이었다. 곤란한 질문들도 있었지만 대부분 면접스터디에서 연습했던, 예상 질문 중에 있었다. 마지막은 토론 면접이었다. 당시 면접일 직전에 신촌에서 대학생 살인 사건이 있었다. 오컬트 문화라는 생소한 단어가 사회 지면에 등장한 사건이었다. 사회적으로 쟁점이 된 사건이기에 혹시 몰라 준비해갔는데, 그 사건이 토론 주제였다. 나는 사회자를 자청했다. 찬성과 반대 의견을 공정하게 수렴했고 마지막 정리로 발표를 끝마쳤다. 그리고 면접관들의 만족해하는 눈빛을 읽을 수 있었다.

단체 면접은 그렇게 끝이 났다. 이후 2조가 면접을 치르는 동안 1조 수험생들은 별도 면접실에 1명씩 들어가 개별 압박 면접이 이어졌다. 체력시험을 치는 날 같이 치르는 인적성 검사표를 토대로 심리분석가, 교수, 현직 경찰관의 질문이 이어졌다. 질문의 의중을 알 수 없고, 면접스터디에서도 압박 면접에 대해서는 대비가 어려웠기에 긴장할 수밖에 없었다.

이후 면접을 같이 치른 수험생들에게 들어보니, 내가 속해 있던 1조의 문제가 가장 난해했으며, 5명의 면접을 보는 데 50분 가까이 소요되었다고 한다. 그래서 다음 조부터는 조금 빠르게 진행이 되었다고 한다. 보통 면접시험 한 조에서 2~3명 정도가 합격한다고 볼 수 있는데, 우리 1조에서는 4명이나 합격했다. 이 례적인 경우였다.

손에 땀을 쥐게 하는 면접이 끝나고 밖에서 기다리던 엄마의 얼굴을 보니 긴장이 풀렸다. 괜스레 눈물이 났다. 나중에 들어 보니, 엄마는 가만히 앉아 기다릴 수가 없어서, 옛날 소원을 빌 며 탑을 돌던 탑돌이처럼 서울청 건물을 돌고 또 돌며 기도하고 있었다고 한다. 가만히 앉아 기다릴 수 없었다. 서울청 근처 백 반집에서 점심을 먹고 엄마는 먼저 고향으로 향했다. 나는 고시 원 짐을 정리해서 5일 뒤 있을 합격자 발표는 집에서 볼 요량으 로 고향으로 떠났다.

2012년 5월 16일. 최종 합격자 발표 날이 밝았다. 면접 날 엄 마의 기도가 통한 것일까, 아니면 친구들 말처럼 화장이 문제였 던 것일까. 최종 합격자 발표 창에 '배선하'라는 이름이 들어 있 는 것을 보고 나도 모르게 창을 껐다. 그리고 다시 합격자 발표 사이트에 접속했다. 재차 확인했는데도 내 이름이 있는 것을 보 니 '헛것을 본 게 아니구나' 하는 생각이 들며 소리 없이 눈물이 났다. 하염없이 눈물이 나고 말도 나오지 않아 부모님에게 합격 소식을 전할 수도 없었다.

합격자 발표가 났을 시간인데도 나에게서 아무런 소식이 없 자 걱정이 된 엄마가 1층 가게에서 3층 집으로 올라왔다. 컴퓨 터 앞에 앉아 고개를 숙이고 우는 나를 보고 '불합격이구나' 생 각한 엄마는 나를 달래 주었다. 그러다 모니터 합격자 발표란에 내 이름이 있는 것을 보고 엄마는 "아이고, 선하야" 하며 털썩

주저앉으며 내 어깨를 감싸고 울었다. 딸이 힘들어할까 봐 내색은 못 했지만, 마음 졸였을 부모님이었다. 내 합격 소식에 누구보다 기뻐하셨던 것은 당연했다. 살면서 이렇게까지 기뻐하셨던 적이 있었던가. 부모님께 처음으로 효도를 한 기분이었다.

불과 반년 전, 불합격 소식에 눈물 흘렸던 우리 가족은 90.6 : 1의 경쟁률을 뚫고 16명에 불과한 서울 여경이 된 나의 합격 소식에 기쁨의 눈물을 흘렸다. 드디어 꿈에 그리던 경찰이 되었다.

07

어서 와,
중앙경찰학교는 처음이지?

　최종 합격자 발표가 나고 사흘 후, 경찰 업무에 대한 기본 교육을 받기 위해 충북 충주 수안보에 있는 중앙경찰학교에 입교했다. 부모님과 학교 앞 정문에서 헤어졌다. 정문에서부터는 혼자 입교해야 했다. 부모님은 주차장에서 내가 보이지 않을 때까지 손을 흔들고 계셨다.

　여경 생활관인 '희망관'은 '호국로'를 따라 올라간다. 호국로의 엄청난 경사에 숨이 턱까지 찼다. 끝이 어딘지 모르니 몇백 미터 거리의 경사가 유난히 멀고 가파르게 느껴졌다. 그도 그럴 것이 단정한 차림으로 입교하라는 안내에 따라 면접 볼 때와 같은 치마 정장 차림에 구두를 신고 내 몸만 한 캐리어를 끌며 5월의 햇살을 받으며 경사로를 오르려니 쉽지 않았다. 하지만 신입생 안내를 위해 군데군데 대기하고 있던 선배들에게 지친 내색을 하고 싶지 않아 가쁜 호흡을 참으며 겨우겨우 희망관에 도착했다.

내가 배정된 생활실은 희망관 105호 생활실이었다. 1인 1침실을 쓰며 한 생활실에 8인까지 생활이 가능했는데, 우리 생활실은 7인으로 배정되었다. 제주도, 전라도, 인천, 서울, 울산, 경북 안동 등 전국 각지에서 모인 동기들이었다. 처음 만났지만 같은 생활실을 쓰는 동기라는 이유만으로 반갑고 동질감이 생겼다.

내가 합격한 기수는 274기였다. 274기의 총인원은 432명이었다. 그중 내가 속한 일반 여경이 100명, 경찰행정학과 출신 특채 18명, 경찰특공대 5명으로 총 123명이 우리 기수 여경이었다. 123이라는 숫자마저 특별하게 느껴졌다.

중앙경찰학교는 '국민의 눈높이에서 일하는 경찰관 양성을 통한 현장 즉각 대응 SMART 경찰 양성'에 교육 목표를 두고 약 8개월간의 교육이 이뤄졌다. 그중 한여름과 한겨울에는 혹한기와 혹서기 방학이 2주씩 있었다. 학기 중에는 2주씩 2번에 걸쳐 현장 실습을 했다. 1차 실습은 상반기에 고향 경찰서에서, 2차 실습은 하반기에 시험 응시지역의 지구대에서 했다. 나머지 기간은 학교에서 다양한 교육을 받으며 생활했고, 주말에는 집에 갈 수 있었다.

처음 1개월간은 외출 및 외박이 되지 않았다. 군대와는 비교할 수 없겠지만, 군대에서처럼 제식훈련을 받았다. 오전 6시에 기상해서 기상 상황이 좋지 않은 날을 제외하고, 전 교육생 모두가 대운동장에 집결해 아침맞이 점호를 한 후 구보를 뛰고 학교를 청소했다. 이후 아침 식사를 하고 오전 9시부터 274기 전체 인원이 대운동장에 모여 제식훈련을 받았다.

좌향좌, 우향우를 432명이 동시에 한 동작처럼 하려니 쉽지 않았다. 실수 연발이었다. 얼차려를 받고 훈련하고, 운동장을 뛰고 훈련을 받는 기초체력 훈련의 무한 반복이었다. 오전 9시부터 저녁 6시까지 점심 식사시간 한 시간을 제외하고는 한 달간 운동장에서 살았다. 얼굴이 까맣게 타고 지급받은 기동복은 후줄근해져서 구멍이 나기도 했다.

그런데도 뭐가 그렇게 좋은지 수시로 웃음이 났다. '시련은 나를 강하게 만든다'라는 말처럼 제식훈련을 하면 할수록 오기가 생겼다. 사소한 실수도 하지 않으려고 이를 악물고 버텼다. 나의 실수로 전체가 벌을 받는 상황은 내 성격상 용납되지 않았다.

제식훈련을 받을수록 체력이 좋아지는 것이 느껴졌다. 동기들과도 사이가 돈독해졌다. 원래 힘든 일을 같이 겪는 사이일수록 빨리 친해지는 법이지 않은가. 같이 흙바닥을 뒹굴면서 훈련을 받고 흙투성이가 되어 생활실로 돌아왔을 때, 서로의 얼굴을 보며 웃었다. 따뜻한 물은 언감생심(焉敢生心), 지하수같이 찬물로 샤워하면서도 동기들과 얼굴만 봐도 깔깔거렸다.

지금 생각해보면 열악한 부분도 많았다. 샤워실은 한겨울에도 초반에 샤워하는 몇 명만 따뜻한 물을 쓸 수 있었다. 온수가 길게 나오지 않는 것을 알기에 몸은 10초 안에 온수로 샤워하고, 머리는 냉수로 감았다. 1명이라도 더 온수로 샤워할 수 있게 하기 위한 서로의 배려였다.

모든 생활은 정해진 규칙에 따라서만 가능했다. 식사시간, 취침시간, 휴식시간, 자유시간 등 모든 일과는 정해진 시간에만 가능했다. 샤워실 및 세탁기 사용도 정해진 시간 외에 이용하다가 우리를 관리 감독하는 지도관님들에게 적발 시에는 벌점을 받았다.

핸드폰 사용도 일과 중에는 금지였다. 일과가 끝나고 생활실에서 쉬는 시간, 취침시간 전까지만 이용 가능했다. 점호하고 취침시간이 지났는데 몰래 핸드폰을 사용했다가 적발되면 벌점을 받았다.

경찰학교 교육과정 중 벌점이 누적되어 한계치에 달하거나 불미스러운 사건을 일으키면 제적당할 수 있었다. 경찰 시험에는 합격했지만, 임용이 되지 않아 경찰이 될 수 없는 것이다. 그렇기에 어떻게든 학교에서 벌점을 받지 않기 위해 다들 고군분투했고, 항상 품행에 유의했다.

한 달간 대운동장과 경찰학교를 둘러싸고 있는 적보산을 등반하던 제식훈련이 끝나고, 드디어 근무복을 지급받았다! 내 이름이 새겨진 경찰복을 받으니 감회가 새로웠다. 이제야 경찰이 된 것 같았다. 다들 설레는 마음으로 근무복으로 환복했다.

하나같이 처음부터 자기 옷이었던 것처럼 너무 잘 어울렸다. 근무복을 입고 머리를 단정하게 묶고, 구두에 학과 가방까지 들고 있으니 경찰학교와 잘 어울리는 모습으로 탈바꿈한 것이다. 서로의 모습을 사진으로 남겼다. 지금 입은 근무복의 설렘을 잊지 말자고 다짐하며 사진으로 남기고 또 남겼다.

학과 수업은 다양하게 이뤄졌다. 실제 현장에 투입되었을 때 활용할 수 있는 기초 과목들에 대해 전반적으로 다뤘다. 교통사고 현상이나 교통 단속에서 활용 가능한 교통업무 수업, 내근직으로 업무 수행하면서 다루게 될 서류 작성 방법, 무기 사용법 등을 배웠다.

운전 수업도 있었다. 경찰이 되기 위해서는 운전면허가 필수적으로 있어야 한다. 하지만 나 같은 경우만 해도 면허를 취득하고 9년간 제대로 운전 한번 해본 적 없는 이른바 '장롱면허'였기에 운전 수업은 큰 도움이 되었다. 현장은 골목길도 많고 어떤 길들이 있을지 모른다. 그 길들을 능숙하고 안전하게 운전할 수 있도록 훈련했다. S자 형태, T자 형태 등 다양한 길들을 연습하고 주차 연습을 했다. 과목마다 졸업 전에 시험을 치렀다. 면허 시험을 치를 때보다 엄격한 기준으로 정해진 시간 안에 코스를 통과해야 했고, 자칫 실수하면 점수가 감점되었다.

태권도, 합기도, 검도, 유도 중에 한 가지를 선택해서 8개월 동안 학교에 있는 동안 무도를 배울 수 있었다. 무도를 잘하고 공인 급수가 있어야만 경찰을 할 수 있을 것 같은 두려움에 경찰이 되기를 포기하는 이들이 있는 것으로 안다. 제대로 알아보지 않았을 때는 나도 그랬다. 당장 태권도장이나 어디를 등록해서 급수를 따야만 하는 줄 알았다. 하지만 경찰학원에서 상담을 받아 보니 무도 특채로 들어오지 않는 이상, 무도는 가산점을 위해 준비하는 경우가 대부분이었다. 무도 급수 또한 다른 자격증들과 마찬가지로 가산점에 불과하다는 것이다. 물론 무도를 잘하면 업무에 도움이 되는 부분도 분명히 있다. 경찰을 준비하는 이들 중에 무도를 특출나게 잘하는 사람들도 있지만, 나와 같이 무도를 해보지 않은 사람들도 있다. 나처럼 무도의 '무'자도 알지 못하는 이들도 체포 현장에서 사용할 수 있도록 체포술을 꾸준히 배운다. 언제든 사용할 수 있게 몸이 기억하도록 꾸준히 반복 학습을 하는 것이다. 그러니 할 수 있는 무도가 전혀 없다고 지레 겁먹지 않기를 바란다.

　사격수업도 빼놓을 수 없다. 사격수업은 경찰학교 뒷산 중턱에 있는 별도의 사격장에서 이뤄졌다. 사격수업은 실제 탄약으로 하기 때문에 절대 실수가 있어서는 안 된다. 교수님의 지휘에 맞춰 항상 긴장을 늦추지 않은 채로 진행했다. 총구는 항상 바닥을 향해 겨누어야 한다. 자칫 실수가 있더라도 사람을 향한 실탄 발사가 되지 않도록 주의하는 것이다. 하지만 간혹 긴장한 동기 중에 총구를 사람을 향해 겨눌 때가 있다. 그럴 때는 교수님의 불호령이 떨어지며 모든 수업이 일시 정지되고, 총구를 겨눴던 교육생은 바로 얼차려를 받았다.

　사격수업이 있는 날에는 활동이 편한 기동복을 입고 진행했다. 수업 전에 정해진 인원이 탄약을 사격장까지 옮겨야 한다. 처음 탄약이 든 상자를 들었을 때, 그 묵직함을 잊을 수가 없다. 경찰 업무가 주는 막중한 책임감처럼 느껴졌다. 사격수업을 할 때마다 정당한 무기 사용과 시민의 안전을 지키는 것에 대해 많은 생각을 하게 해준 감사한 수업이다.

　경찰학교에서처럼 마음껏 사격할 수 있는 시기도 없다. 졸업하고 나면 1년에 2차례 정규사격을 한다. 승진을 위한 고과에 반영이 되기에 다들 심혈을 기울여 쏜다. 하지만 무제한 쏠 수 있는 것이 아니라 총구의 0점을 맞추기 위한 0점 사격 5발, 실제 사격 30발로 정해진 탄약수를 쏴야 하므로 부담을 느낀다. 사격 실력을 유지하기 위해 국내 사격장을 찾아 사비로 사격 연습을 하는 직원들도 있다.

무전 용어를 공부하고 테이저건 실습도 했다. '백문불여일견 (百聞不如一見)'. 100번 듣는 것보다 1번 보는 것이 낫다는 말이 있듯이, 테이저건 실습도 동기에게 직접 쏴보기도 하고, 직접 맞아보기도 했다. 테이저건(전기충격기)은 직접 몸에 대고 발사하는 방식과 전기 침을 이용해서 원거리에서 총을 쏘듯이 발사하는 방식이 있다. 원거리에서 발사하는 테이저건을 혼자 서서 맞아 보는 체험과 동기들과 여럿이서 손을 잡고 일렬로 앉아서 맞아보는 방법으로 체험해봤다. 테이저건 수업을 떠올리면 온몸을 타고 흐르던 전류의 느낌을 몸이 기억하는 기분이 든다.

제식훈련부터 학과수업, 생활규칙들까지 처음 겪는 일들 투성이었다. 시간이 지나 돌아보니 모든 일에는 이유가 있고, 모든 것은 기본에서 시작해야 하듯이 경찰학교에서의 시간은 우리에게 기본과 초심을 심어주는 기간이었다. 가랑비가 옷을 적시듯 일과에 따라 생활을 하기만 해도 경찰의 소양과 마인드가 내 안에 차곡차곡 쌓였다. 경찰 합격생을 경찰 교육생으로 탈바꿈시키고, 경찰 교육생에서 신임 경찰관으로 만들어주는 곳. 하루하루 사라져가는 경찰학교에서의 시간이 아쉬웠다.

08

10년이 지나도
그리운 경찰학교 시절

시간이 순삭(순간 삭제) 한다는 말이 이런 것일까. 경찰학교에서 보낸 8개월의 시간을 표현하자면 시간이 순삭된 기분이었다.

경찰학교에서의 기억에 남는 추억을 꼽자면 셀 수 없이 많지만, 그중에서도 손꼽히는 추억으로는 학급장 생활을 들 수 있다. 여경 총인원 123명이 단체로 같이 다닐 수 없기에 학급으로 인원을 나눴다. 여경 기준으로 일반 공채 3학급, 경찰행정학과 특채와 경찰특공대가 합쳐서 1학급, 총 4개 학급으로 나뉘었다.

입교한 첫날, 학급을 나누고 학급장을 뽑았다. 입교하기 전에 지인들이 학급장을 꼭 해보라길래 지원했지만 보기 좋게 떨어졌다. 그런데 원래 2개 학급으로 예정되었던 일반 여경학급이 3개 학급으로 나뉘면서 다시 학급장에 지원했고, 나는 2학급의 학급장으로 운 좋게 선발되었다.

학급장은 쉽게 말해 반장이었다. 아침에 좀 더 일찍 일어나 생

대한민국 경찰관으로 산다는 것

활하고, 저녁에는 다른 동기들이 잠든 후에도 학급장들끼리 매일 밤 회의를 했다. 일련의 행사를 계획하고, 하루의 부족한 면을 짚어보고, 서로를 다독였다. 성향이 비슷한 동기들끼리 학급장이 되어서 마음이 잘 맞았다. 특전사 출신 학급장 1명과 군인 출신 총학생장은 통솔력과 리더십이 있었기에 믿고 따를 수 있었다. 졸업식 전에 '재학생의 밤'이라고 장기자랑 무대가 있을 때, 학급장들끼리 아이돌 댄스 무대를 준비해서 선보이기도 했다. 남들 앞에서 춤을 춰본 것은 처음이었는데, 재미있는 추억으로 남았다.

　나는 한 가지에 꽂히면 거기에 몰입하는 경향이 있다. 장점이자 단점이기도 하다. 학급장 일에 몰입하느라고 생활실 동기들과 많은 시간을 보내지 못했다. 경찰학교에 있을 때는 미처 몰랐던 동기의 소중함이 졸업을 하니 크게 다가왔다. 더 많은 시간을 함께하지 못했던 것이 내내 마음에 걸렸다. 언제 만나도 반가운 것이 동기인데, 곁에 있을 때 더 잘해줄 것을 항상 돌아서서 뒤늦은 후회를 한다. 그래서 이제는 항상 만남에 최선을 다한다. 돌아서서 후회하지 않을 수 있게 말이다.

　생활실 동기들과 즐거웠던 시절이 떠오른다. 당시 일과가 끝나고 저녁맞이 점호 전까지 2시간 정도의 자유시간이 있었다. 당시 경찰학교 매점에는 캔맥주를 판매했다. 생활실 동기들끼리 모여 캔맥주 한잔하는 그 시간이 즐거웠다. 시시콜콜 사소한 이야기들을 나누며 서로를 응원하고 지지했다. 주말에는 대부분 각자 집으로 갔는데, 한번은 생활실 동기들끼리 경찰학교 근처의 펜션에서 1박 2일을 보냈다. 고기도 구워 먹고, 노래방 기계로 노래도 부르며, 산책도 하면서 서로에 대해 더 깊이 알아가는 시간을 보냈다. 지금도 전국 각지의 자기 자리에서 각자 가정을 일구며 생활하는 동기들은, 언제 연락해도 반갑다. 늘 마음으로 응원하고 있다.

졸업하기 전 한겨울에 기동특화훈련을 했다. 입교 후 한 달간 했던 제식훈련과는 또 다른 훈련이었다. 또다시 274기 동기 432명이 대운동장에 집결했다. 체력단련은 모든 훈련의 기본이었다. 팔 벌려 뛰기, 팔굽혀펴기, 누워서 발 차기, 버피테스트를 시작으로 특화훈련은 시작되었다. 12월, 한겨울의 눈이 내린 충주 경찰학교는 정말 추웠다. 그 추운 날씨에 인조 잔디에 눕고 엎드리고 뒹굴면서 훈련을 받다 보면 머리부터 발끝까지 전신이 꽁꽁 어는 것 같았다. 잔뜩 붙이고 간 핫팩도 소용없었다. 가지고 간 지 30분도 안 되어서 핫팩은 수명을 다하고 딱딱하게 굳었다.

기동특화에서는 5kg짜리 방패를 지급했다. 방패를 내 몸의 일부처럼 가지고 다녔다. 향후 기동대에서 사용하게 될 방패술도 배웠다. 방패를 이용한 여러 대형을 배우고 지도교관의 지휘에 맞춰 일사불란하게 대형을 만들어야 했다. 안 되면 될 때까지 했다. 당시 우리에게 주어진 구호가 있다. 힘들 때마다, 그만하고 싶을 때마다 외친 구호는 지금도 생각난다.

"우리는 하나다!"

방패를 들고 학급별 달리기 시합도 했다. 가장 성적이 안 좋은 학급에 패널티를 준다고 했다. 5kg짜리 방패는 들고 있기만 해도 무거운데, 몇 km를 달려야 하다니. 눈앞이 아득했다. 그때 교관님이 해주신 말씀이 있다.

"빨리 가고 싶으면 혼자 가고, 멀리 가고 싶으면 함께 가라."

혼자 아무리 빨리 가더라도 학급이 다 통과해야만 하는 룰이었다. 동기의 소중함을 느끼게 해주는 말이었다. 앞으로의 경찰 생활에서 나 혼자의 안위를 생각할 것이 아니라 같이 일하는 동료들을 어떻게 대해야 할지 생각하게 해주는 말이었다.

경찰학교에서 가장 많이 했던 것이 구보인 것 같다. 아침체조도 항상 구보로 마무리했다. 제식훈련 때도 구보는 많이 했지만, 특화 때는 정말 많이 했다. 수시로 뛰었던 것 같다. 교정을 뛰고, 경찰학교 뒤에 있는 적보산 산악구보도 많이 했다. 산악구보는 단순히 걷거나 뛰는 것만이 아니었다. 산 입구까지는 구보와 오리걸음을 병행했다. 산을 하산해서는 응급 환자가 있는 상황을 연출해서 대응 훈련을 했다. 들것에 환자 역할을 하는 동기를 태우고 뛰어서 목적지까지 달렸다. 힘들다고만 생각하면 힘든 훈련이겠지만 체력, 긴급상황대처 능력, 리더십, 팀원과의 단합 등 경찰에게 필요한 덕목이 무엇인지를 생각하게 해주는 훈련들이었다.

여기서 끝이 아니었다. 불법시위자를 효과적으로 체포하기 위한 체포술은 경찰학교 교육과정에 항상 들어 있었고, 특화훈련에서도 빠질 수는 없었다. 무도 시간을 통해 경찰과 범인의 일대일 상황을 전제로 체포술을 배웠다면, 기동특화 체포술은 시위현장에서 동료들과 협동해 빠르고 효율적으로 체포한다는 차이점이 있었다.

마지막으로 기동특화훈련의 꽃이라고 할 수 있는 기수 PT가 우리를 기다렸다. 명칭에서 알 수 있듯이 1,000개에 기수 숫자만큼을 더해서 팔 벌려 뛰기하는 것이다. 우리 기수는 274기이므로 1,274개를 해야 했다. 물론, 마지막 1,274번째에는 숫자를 외치면 안 된다. 눈이 펄펄 내리는 한겨울, 손발이 떨어질 듯이 아프면서도 다들 바짝 긴장한 채로 기수 발표했던 기억이 난다. 100개에 하나씩 방패를 세웠다. 마지막 1,274번째를 제대로 마치고 나서 우리는 환호성을 질렀다.

기동특화훈련을 끝내고 나니 졸업이 눈앞에 성큼 다가와 있었다. 8개월의 학교 생활을 끝내고 각자의 근무지로 가기 전, 우리의 달라진 모습을 부모님들께 보여 드릴 시간이었다. 졸업식의 칼 같은 모습을 위해 많은 예행연습을 했다. 드디어, 졸업식 날. 지금은 돌아가신 외할머니, 외할아버지에게 보여드린 외손녀의 처음이자 마지막 정복 차림이었다.

졸업식을 하고 각자 생활실로 돌아와 짐을 꾸렸다. 짐을 꾸리면서도 현실성이 없었다. 이 문을 나서는 순간, 우리가 각자의 발령지로 가게 된다는 것이, 매주 일요일 저녁이면 당연하다시피 생활실에서 만나왔는데, 이제는 그럴 수 없다는 것이 믿어지지 않았다. 생활실에서 짐을 싸면서 다들 눈물을 흘렸다. 졸업을 축하하며 행복한 날인데도 내일이면 지금처럼 함께하지 못한다는 사실에 자꾸 눈물이 났다.

지나고 보니 모든 순간이 추억이 되었다. 행복하지 않은 시절이 없었다.

당시 학급장들끼리 이런 이야기를 했다.

"우리 시간 지나서 자격이 되면 지도관으로 모이자."

특전사 출신 학급장이었던 동기는 현재 경찰학교 생활지도 교수로 생활하고 있다. 지금도 연락할 때마다 "언니, 우리 지도관으로 만나기로 했잖아요. 언제 올 거예요. 나 언니랑 같이 지도교수 하고 싶어요"라고 애정 어린 말을 한다.

나 또한 내가 가장 아꼈던 동생과 함께 지도 교수 생활을 하고 싶다. 하지만 현재 나는 일곱 살과 세 살의 어린 아들이 2명 있다. 아이들을 두고 180km 떨어진 경찰학교에서 당직-휴일-야간-휴일의 근무를 할 자신이 없다. 남편과 근무를 맞추기도 힘들어서 현실적으로 지도관을 할 수 없는 처지다. 하지만 이제는 책을 쓴 작가이니 작가이자 선배의 입장으로 사랑하는 동기가 지도 교수로 있을 때 경찰학교에 강사 자격으로 강의를 하러 가고 싶다. 그렇게나마 이루지 못한 동기와의 약속을 지키고 싶다.

돌이켜봐도 경찰학교에서의 시간은 여전히 그립다. 경찰학교는 모든 경찰 교육생들뿐만 아니라 현직 경찰관들에게도 '초심의 상징'이라 할 수 있다. 경찰학교를 떠올리면 열정 가득했고 설렘 가득했던 합격 직후의 나와 동기들의 모습이 떠오른다. '젊은 경찰관이여, 조국은 그대를 믿노라'라는 문구를 보며 가슴 설렜던 날들이 떠오른다. 학과행진을 하던 길, 수업을 듣던 모든 공간, 동기들과 웃고 떠들었던 시간이 어제 일처럼 생각난다.

하루빨리 현장에서 일하고 싶어 할 후배들에게 말해주고 싶다. 인생에서 다시 못 올 지금, 이 순간, 어쩌면 살아온 시간보다 더 오래 몸담을 경찰 생활의 초석이 되어 줄 기본 지식을 경찰학교라는 울타리 안에 있을 때 최선을 다해 배우라고. 그리고 평생에 내 편이 되어 줄 귀한 인연인 동기들과 소중한 추억을 많이 쌓으며 즐기라고 말해주고 싶다. 지금, 이 순간. 나는 경찰학교에 가서 강의할 순간을 꿈꿔본다.

충성!
순경 배선하입니다

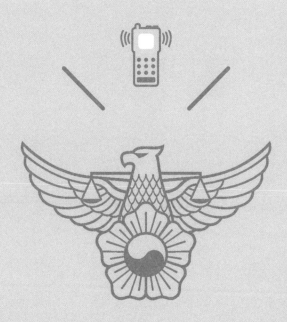

충성!
순경 배선하입니다

지금은 경찰학교에서의 8개월 교육과정 중 4개월을 자신이 근무하게 될 지구대에서 실습을 받는다. 하지만 내가 교육받던 시절에는 현장실습을 상반기, 하반기에 각각 한 번씩 총 두 번에 나눠서 각 2주씩 받았다. 1차 실습은 고향 경찰서에서 받았고, 2차 실습은 자신이 응시한 지역 내 경찰서 소속 지구대에서 받았다.

1차 경찰서 실습은 경찰서 등급 기준에 맞는 곳에서만 가능하다. 경찰서 등급 기준은 해당 지역 인구 및 치안 수요에 따라 나뉜다. 3급지는 농어촌형 경찰서라고도 하며, 인구 15만 명 미만 군에 소재한 경찰서다. 2급지는 중소도시형 경찰서로, 인구 15만 명 이상 25만 명 미만 시에 소재한 경찰서. 1급지는 대도시형 경찰서라고도 하며, 특별시, 광역시, 도청소재지 경찰서로, 인구 25만 명 이상 담당 경찰서로 규정하고 있다. 실습 경찰서는 2급지 또는 1급지에서만 가능하기에, 고향의 경찰서가 3급

지밖에 없다면, 가까운 2급지나 1급지 경찰서에서 실습을 받아
야만 했다. 다행히 고향에 있는 안동경찰서는 2급지 경찰서여서
집에서 출퇴근하며 실습할 수 있었다.

　처음 실습생 신분으로 신고식을 하러 가던 날, 심장이 몸 밖
으로 튀어나올 것만 같았다. 안동경찰서로 온 실습생은 나 혼자
밖에 없었다. 동기가 1명이라도 있었다면 의지가 될 것 같은데,
혼자 가려니 진땀이 났다. 누가 봐도 어리바리한 초보 순경이었
다. 서장님께 실습생 보고를 해야 하는 것도 고민이 되었다. 이
때까지 경찰학교에서는 항상 '274기 294번 교육생 배선하'라고
보고를 했다. 실습을 나왔는데 교육생이라고 보고해도 되는 것
일까? 실습생이라고 호칭을 해야 할까? 머릿속에서 엄청난 고
민이 되었다.

　서장님께서 오신 것을 보고 나를 소개해주기 위해 동행하셨
던 선배님이 "충성, 경사 ○○○"라고 인사하는 것을 보았다. '아!
나도 저렇게 인사해야 하는구나!' 싶었다. 이어 서장님께서 내게
악수를 권하셨고, 선배님을 따라 "충성! 순경 배선하. 안동경찰
서로 실습을 명 받았습니다!" 하고 제대로 인사할 수 있었다. 그
게 뭐라고. 그 인사말을 하는 게 어찌나 떨리던지, 악수하는 손
에 땀이 흥건했다.

　경찰서 실습은 2주에 걸쳐 이뤄졌다. 2주라고 해봐야 주말을
제외하고 10일이 고작이었다. 10일간 경찰서에 있는 각 부서를
하루 또는 이틀씩 경험할 좋은 기회였다.

처음 실습한 부서는 '경무과'였다. 독자 여러분은 이름이 생소할 텐데, 일반 회사의 경영지원팀이나 총무과라고 생각하면 된다. 경찰서 행정업무 전반을 맡아 타 부서를 지원하고, 현장에서 근무하는 경찰을 도와주고 지원해주는 부서다. 업무 범위가 굉장히 넓다 보니 경무계, 경리계, 정보화 장비계 등으로 나뉜다.

경무계는 직원들의 인사, 교육, 기획, 문서, 복지, 홍보 등의 업무를 담당한다. 경찰이 되어서도 매달 직장교육과 무도 시간이 있다. 승진을 위해 최소한으로 들어야 하는 교육시간도 매년 다르다.

현재 나는 3년 차 경사로, 인터넷으로 수강하는 사이버교육만 한 해에 90시간을 이수해야 한다. 이러한 교육 및 직원들의 건강과 복지를 챙기고, 적재적소에 인력을 배치하는 업무를 담당한다.

경리계는 경찰서의 살림살이를 책임지는 곳이다. 경찰서 청사 시설, 물품 구매, 국유재산, 예산 등의 업무를 담당한다. 정보화 장비계는 전산, 차량, 무기, 피복 등의 업무를 담당한다. 경찰관들의 근무복을 지급해주고 통신 장비 등을 관리해주는 역할을 한다. 직원들의 컴퓨터가 이상해도 한달음에 달려오시는데, 뚝딱뚝딱 고쳐주시는 모습을 보면 '맥가이버' 같다는 생각이 들 정도다.

나는 경무계에서 이틀간 실습을 했다. 때마침 서고에 보존 기간이 경과한 문서들을 분류하는 작업을 할 때였다. 선배님들 세 분이 작업하고 계셨다. 나는 문서 분류 작업을 잘할 수 있으니 돕고 싶다고 했다. 선배님들도 실습 나온 후배가 멀뚱히 있으면 심심할 테니 그러라고 하셨다. 내가 문서 정리를 돕고 싶다고 나선 이유는, 수능이 끝나고 은행 서고에서 서류 정리 아르바이트를 해본 적이 있기 때문이다. 손이 빨라 다른 사람보다 많은 양의 일을 했고, 일한 만큼 시급을 더 받기도 했다.

선배님들은 서고 정리 외에도 해야 할 일들이 많으실 테니 일손을 덜어드리고 싶었다. 가만히 있는 것보다 일하는 게 훨씬 신났다. 앞으로 경찰 생활을 하면서 보게 될 서류들을 미리 볼 수 있는 것도 좋았다. 꼼짝 않고 집중해서 정리하는 것을 보고 선배님들이 너털웃음을 지으시며 "너 정말 손이 빠르구나. 1명 몫을 제대로 하네"라고 칭찬해주셨다. 기분이 좋았다. 그렇게 일주일이 걸려도 못할 것 같다는 서고 정리를 경무계 실습 이틀 만에 깔끔하게 끝냈다. 선배님들께 칭찬을 받으며 뿌듯하게 경무계 실습을 마무리 지었다.

이후에는 112치안종합상황실에서 실습을 했다. 흔히 지령실 또는 상황실이라고 부르는 곳이다. 상황실에서는 112신고 사건 접수 및 경찰서 소속 지구대·파출소(이하 지역 경찰)로 신속하게 지령을 내리고 초동조치를 관리한다. 또한 112신고 사건 통계 및 현황을 관리하고, 타 지방청에서 공조 요청하는 사건에 대해 지역 경찰에서 신속하게 대응할 수 있는 최단 거리를 안내한다. 상황실에는 관할구역 전체를 볼 수 있는 전광판이 있다. 순찰차들의 위치 및 신고 내역까지 일일이 확인할 수 있다.

상황실에 근무하시는 선배님들은 연륜도 있으셨고, 경찰서 전 관할을 내 손바닥 보듯이 알고 계셨다. 지역 경찰은 각 지구대·

파출소마다 관할하는 구역이 정해져 있기에 자기 관할 내의 사건을 전담한다. 그편이 업무 분배에 효율적이며, 지리감이 있어 최단 시간 내 신속 출동이 가능하다. 우리나라 어디에서 신고하든 112에 접수되는 신고는 자신이 위치한 곳에서 가장 가까운 지역 경찰에서 출동하게 되어 있다.

간혹 이동 중인 범죄가 발생하기도 한다. 예를 들어, 음주운전 등의 범죄 발생 시에는 범행이 이뤄지는 관할이 변경될 수 있다. 그럴 때 상황실에서 신고자와 통화를 하며 변경되는 범행지를 지역 경찰에 실시간으로 전파하며, 관할이 겹치는 지구대·파출소에서 공조해서 범인을 검거할 수 있도록 유도한다.

긴급한 신고 사건일수록 현장의 직원들이 안전하게 근무할 수 있도록 날을 세우고 무전을 경청하셨다. 사건 하나하나를 검토하시며 아나운서처럼 일목요연하게, 귀에 쏙쏙 들어오도록 무전을 하시는 모습이 인상 깊었다. 나도 언젠가는 상황실 지령요원으로 근무해보고 싶다는 생각이 들었다.

교통민원실에서도 이틀간 실습했다. 대부분의 민원인이 경찰서를 방문하면 처음 만나는 직원들이기에 경찰서의 얼굴이라고 볼 수 있다. 민원실에서는 운전면허증 갱신이나, 재발급, 정기적성검사 신청 및 운전경력증명발급 등 교통민원과 관련된 업무를 지원한다. 또한, 범죄경력조회 및 민원상담관이 상주해서 사기 사건 등에 대한 상담 및 진정서를 작성하는 수사 관련 민원 업무를 접수할 수 있다.

하루에도 수십 명의 민원인이 경찰서를 방문했다. 운전면허증

재발급 신청 및 수령을 하려고 오시는 분들과 범칙금에 대해 이의 제기하시는 분들이 가장 많았다. 경찰의 업무라면 도와드릴 수 있어서 그나마 다행이었다.

경찰은 형법이 보호하는 보호법익의 침해 여부를 판단해서 처리할 뿐 개인 간의 분쟁에 개입할 수 없다. 경찰 공공의 원칙이라고 해서, 공공의 안녕과 질서의 유지를 위해서만 발동 가능하며, 사적 이익만을 위한 발동은 불가하다고 규정되어 있다. 이를 사생활 불간섭의 원칙, 사주소 불가침의 원칙, 민사관계 불관여의 원칙이라고 해서 헌법 및 경찰공무원 복무규정에서 규정하고 있다.

그러한 내막을 알 리 없는 수많은 민원인들은 민원실에 방문해서 민사관계를 해결해달라고 하셨다. 선배님들은 친절하게 설명도 해드리고, 도움을 드릴 방법을 안내해드렸지만, 한계가 있었다. 귀를 막고 무조건 도와달라고 하시는 분들에게는 안내도 통하지 않았고, 도와드릴 방도가 없어 그저 안타까울 따름이었다. 화장실에 잠깐 다녀오는 것 외에는 엉덩이를 뗄 시간도 없었다. 민원실은 정신없이 바쁘게 돌아갔다.

형사과에서도 실습했다. 그날은 영장실질심사가 있는 날이었다.

영장실질심사란, 체포영장에 의해 체포되거나 긴급체포 또는 현행범 체포된 피의자에 대해, 구속영장을 청구받은 판사가 피의자를 직접 심문해서 구속 여부를 결정하는 제도다. 영장실질심사에 회부될 피의자는 전날 늦은 밤, 흉기인 회칼을 숨기고 경찰서에 와서 형사과 직원을 습격하려다 긴급체포된 자였다. 얼마 전 다른 사건의 피의자로 체포되었다가 벌금형을 받았고, 그에 앙심을 품고 형사과 직원을 습격하려던 것이었다.

영장실질심사에 참석하기에 앞서 당시 상황이 녹화된 CCTV 영상을 봤다. 피의자는 두리번거리며 형사과로 들어왔다. 민원인의 방문 안내를 위해 직원이 가까이 다가가자 갑자기 가슴에 품고 있던 칼을 꺼내어 휘둘렀다. 순식간에 일어난 일이었다. 거기에 대응한 선배님들의 활약이 눈부셨다. 당황스러울 법도 한데 일사불란하게 대처하셨다. 테이저건으로 피의자를 겨냥하셨고, 경찰봉으로 피의자의 무기를 제거 후, 안전하게 제압하기까지 단 1분도 걸리지 않았다.

정말 대단했다. 박수가 절로 나왔다. 내 눈앞에 칼을 휘두르는 사람이 있다면, 나는 그 상황에서 어떻게 대응했을까? 선배님들께 무섭지 않았냐고 물었다. 이미 10년, 20년 차 내공이 쌓인 베테랑 선배님들이 말씀하셨다. "우리도 경찰이 아니었다면 무서워서 도망갔겠지. 그런데 우린 경찰이잖아. 내가 도망가면 내 동료가 다칠 수도 있으니 무슨 수를 써서라도 막아야 한다는 생각밖에 안 들었어. 내가 경찰로 일하는 순간에는 어떠한 순간이 와도 피하지 말고 막아야지. 너도 앞으로 제복을 입고 일하다 보면 자연스럽게 그렇게 대처하게 될 거야"라고 담담히 말씀하셨다. 이것이 사명감이 아니고 무엇일까?

단 2주에 불과했던 경찰서 실습이었지만 깨달음이 컸다. 우리가 경찰에 대해 알고 있던 화려함 이면의 백조가 물속에서 부지

런히 헤엄치는 발 같은 내면을 본 것 같았다. 각 부서에서는 각자의 업무에 최선을 다하고 있었다. 경찰 업무는 다양하기에 본인에게 맞는 부서를 찾아가는 것도 중요한 것 같았다. 경찰이라고 모두 형사만 하는 것은 아니다. 어떠한 업무를 하더라도 사명감으로 각자의 자리에서 최선을 다하는 것이 중요하다. 앞으로의 경찰 생활에서 나는 어떤 업무를 하게 될까 궁금했다. 하루빨리 실습생 신분이 아닌 순경 배선하로 근무하고 싶었다.

좌충우돌
배순경

선배님들의 열정적인 근무 현장을 보고 와서였을까? 1차 실습 이후 복귀한 경찰학교에서의 생활에 임하는 마음가짐이 이전과는 사뭇 다르게 느껴졌다. 하나라도 더 배워서 2차 실습에서는 지금보다 더 나은 모습을 보여 드리고 싶었다. 2차 실습에서는 또 어떠한 것들을 보고 배울 수 있을지 기대가 되었다.

2차 실습은 내가 시험을 치른 서울청 소속 지구대에서 했다. 당시 여동생이 서울대입구역 근처 원룸에서 살았기 때문에 서울대입구역과 가까운 경찰서인 서울관악경찰서에서 실습하기로 했다. 실습을 원하는 희망 지구대·파출소를 선택할 수 있었다. 서울 지리를 모르던 나로서는 어디든 배정되는 곳으로 가겠다고 했다. 그렇게 가게 된 곳이 신림역을 관할하는 '신림지구대'였다.
신림지구대는 크게 신림역 5번 출구에서부터 8번 출구 라인, 봉천동 일대와 신원동 일대를 관할했다. 신림역 일대는 유흥문화가 발달되어 있는 번화가였고, 봉천동과 신원동은 인구가 밀집된 지역이었다. 신림역 1번 출구 라인을 관할하고 매년 신고 건수가 전국에서 다섯 손가락 안에 드는 '당곡지구대'만큼은 아니었지만, 신림지구대 또한 신고 건수가 많기로 유명한 곳이었다.

지구대는 동네별 또는 관할별로 해당 구역의 치안을 유지하고 순찰 등의 임무를 수행하는 기관으로, 3개 이상의 읍·면·동을 한 개의 지구대에서 관할한다. 경찰공무원 시설 규모별로 따지면 경찰청 〉 경찰서 〉 지구대 〉 파출소 〉 치안센터 순서로 규모가 크다고 할 수 있다.

지구대에서는 112 출동신고가 접수되면 먼저 출동업무를 수행한다. 각종 신고 접수 및 순찰 등의 업무를 주로 수행하며, 전반적인 범죄의 초동조치를 하는 것이다. 중범죄의 경우에는 경찰서 해당 부서에서 직접 업무를 처리한다.

현재 지구대의 기본적인 근무는 주간-야간-비번-휴무의 교대근무가 이뤄진다. 지구대마다 근무시간은 조금씩 다르지만 대개 주간근무는 10시간, 야간근무는 14시간, 야간에 퇴근 후에 쉬는 날은 비번, 비번 다음 날 하루를 오롯이 쉬는 것을 휴무라고 한다.

지구대 실습은 2주간 한 팀에 배정되어 소속 팀과 근무 일정을 같이했다. 나는 실습 첫날 야간근무를 하는 팀에 배정되었다.

2장 충성: 순경 배선화입니다

오전부터 실습생 신고를 마치고 근무하게 될 지구대에 인사하고 오니 점심시간이 훌쩍 넘었다. 저녁 6시까지는 출근을 해야하니 그전에 낮잠을 자고 오라 하셨다. 드디어 순찰차를 타볼 수있다니! 너무 설레서 낮잠을 잘 수가 없었다. 야간근무에 출근하고 드디어 실습하게 될 팀원분들과 만났다. 이때까지는 몰랐다. 이분들과 나의 인연이 어떻게 이어질지 말이다.

경찰학교에서 말로만 듣던 순찰 업무를 나갔다. 범죄가 자주일어나거나 일어날 가능성이 큰 우범지역을 순찰했다. 예전에절도사건이나 폭행 사건 등이 발생했던 장소도 다시 한번 점검하고 금은방, 편의점, 금융기관도 예방 차원에서 순찰했다. 순찰은 가시효과가 있다. 경광등을 켜고 순찰을 하는 경찰차를 보면시민들은 경찰이 지켜주고 있다는 안정감을 느끼고, 범죄를 저지르려던 사람은 범행을 중단하게 된다.

선배님들은 관내를 훤하게 꿰뚫고 계셨다. 순찰 업무를 하던중 112신고가 접수되면, 해당 장소까지 최단 거리로 신속하게출동하셨다. 지리감이 있기에 가능한 일이었다. 당시에는 순찰차마다 관할구역 지도가 있었다. 순찰차에 내비게이션이 보급된 것은 2000년도 후반이었다. 이전까지는 지도만 보고 신고 출동을 나갔다고 한다. 골목골목까지 꿰뚫고 계시는 선배님들의지리감이 하루아침에 생긴 것이 아니었다.

신림지구대 신고의 80%는 신림역의 먹자골목 및 유흥가에 밀집되었다. 20대 초반의 젊은 친구들이 모여 밤새워 놀 수 있는 문화가 많다 보니 신고는 밤낮을 가리지 않고 들어왔다. 혈기왕성한 젊은이들이 술을 마시고 싸우는 경우는 허다했다.

경찰학교에서는 다양한 경찰 서류를 작성하는 연습을 한다. 그중 현행범인체포서 등의 서류를 작성하면서 범죄사실을 쓰게 되는데, 예시가 '길을 가다가 쳐다보며 웃는다는 이유로 시비가 되어 주먹으로 때렸다'라는 것을 보면서 속으로 웃었던 기억이 난다. '이런 이유로 싸웠다고? 에이, 설마. 세상에 이런 일이 진짜 있을까?' 했는데, 실습을 나가 보니 경찰학교에서 예로 들었던 일들이 매일같이 벌어졌다. 괜히 학교에서 예시로 들어서 연습을 했던 게 아니었다.

폭행 사건의 경우 90%가 술을 마신 주취 상태였다. 자신을 쳐다본다는 이유로, 쳐다보며 웃었다는 이유로, 길을 가다 어깨가 부딪혔다는 이유만으로도 술을 마신 상태에서 화가 나서 사람을 때렸다. 그런 일이 현장에서는 비일비재했다.

일대일 싸움이 아닌 집단폭행도 자주 일어났다. 일행 중 누군가가 싸움에 휘말리면 말려야 하는데 그들은 친구를 위한 의리, 의협심이라며 같이 폭행에 가담했다. 사건에 관련된 인원이 많을 때는 지구대 순찰차 4대가 모두 출동해야 했다.

신림동은 고시촌과 1인 가구가 많다. 고시촌이 있어 방값이 다른 지역에 비해 저렴하다는 인식이 있다 보니 갓 상경한 사람들이 서울에서 첫 집을 구할 때 신림을 많이들 찾는다. 혼자 사는 젊은 여성들도 많아 여성만 노린 범죄들이 잊을만 하면 발생 된다. 그래서 여성들을 위한 밤길 안심귀가와 같은 치안 서비스를 제공했다. 창문에 달아두고 바깥에서 강제로 창문을 개방하려고 하면, 경고음을 알리는 창문경보기를 집집마다 설치해주기도 했다. 강력 사건 발생 시 사건 처리만 하는 것이 아닌, 범죄를 예방하고자 노력했다.

2주라는 시간이 눈 깜짝할 사이 지나갔다. 팀워크도 너무 좋고 한 분, 한 분 너무 좋은 팀원들과 정이 많이 쌓였다. 실습 기간이 2주밖에 안 된다는 것이 너무 아쉬웠다. 요즘에는 졸업 후 근무하게 될 지구대 팀에서 4개월간 실습을 받지만, 당시에는 실습했던 지구대나 팀으로는 발령이 나지 않았다. 이렇게 좋은 분들과 같이 근무할 수 없다니, 아쉽고 속상했다. 실습 마지막 날, 남은 학교 생활을 잘하고 오라며 팀장님이 회식 자리를 마련해주셨다. 경찰 생활은 돌고 돌기 때문에 언젠가는 다시 만날 테니너무 아쉬워하지 말라고 하셨다. 다시 선배님들을 만날 날을 기약하며 경찰학교에 복귀했다.

2차 실습을 마치고 나니 경찰학교 생활이 얼마 남지 않았다. 경찰학교에서 공부했던 내용을 점검하는 시험이 있을 예정이었다. 무도, 사격술, 운전시험, 과목별 필기시험 성적을 합산해 성적순으로 자신이 원하는 지역 및 경찰서를 지원할 수 있었다. 경찰학교 생활의 막바지로 달려가고 있었다. 시험이 끝나고 한 달간 기동특화훈련이 이어졌다. 특화훈련이 끝나면 얼마 뒤 졸업식이 있을 예정이었다.

경찰학교에 복귀하고 나서도 신림지구대 선배님들과는 계속 연락했다. 선배님들은 용기를 북돋워주셨고, 나는 선배님들처럼 멋진 경찰이 되고 싶다는 생각으로 학교 생활에 충실했다. 다시 선배님들을 만날 수 있기만을 기대했다.

8개월의 경찰학교 생활이 끝나고, 2013년 1월 11일, 졸업과 동시에 드디어 순경으로 임용되었다. 현재는 교육과정 중 지구대로 4개월 실습을 나갈 때 임용을 받고 나가지만, 내가 교육을 받을 당시에는 경찰학교를 졸업하는 날 임용을 받을 수 있었다. 잊을 수 없는 순간이었다.

금요일에 졸업하고 월요일이면 내가 근무할 경찰서를 배정받을 수 있을 터였다. 졸업 전에 근무를 희망하는 경찰서를 5순위까지 써서 제출한다. 서울의 경우에는 대개 자신이 희망하는 5순위 안에서 발령을 낸다. 나는 1순위로 관악경찰서를 희망했다. 다시 신림지구대 선배님들과 일하고 싶었다. 원래 처음이 주는 애틋함과 특별함이라는 게 있지 않은가. 이제까지 실습받은 팀에 발령 난 사례는 없다고 했지만, 나는 1순위로 신림지구대를 희망했다.

누군가는 조용한 곳으로 가라고 했다. 기왕이면 편하게 일하는 게 좋지 않냐고 했다. 하지만 나는 신고가 없는 한적한 곳보다 바쁜 곳이 좋았다. 일을 배울 수 있고 다양한 경험을 할 수 있는 것이 좋았다. 몸을 가만히 두는 것보다 바쁘게 움직이는 편을 선호하는 성향도 한몫했다. 그리고 선배님들을 다시 만나고 싶었다. 어떤 일이든 본래 일이 힘든 것보다 대인관계가 힘든 법이지 않은가. 실습 시절 느꼈던 팀워크를 다시 느끼고 싶었다. 나의 간절한 마음이 통했을까. 실습했던 신림지구대 3팀으로 발령을 받았다. 선배님들께서 "경찰 생활하면서 실습했던 팀으로 발령받아 오는 경우는 처음 본다. 잘 왔다. 이제 진짜 경찰이 되어서 왔네"라며 반갑게 맞아주셨다.

몇 년 전부터 경찰학교 8개월 교육기간 동안 학교 교육을 4개월, 현장 실습을 4개월 받는다. 그중 현장 실습이 이뤄졌던 지구대·파출소의 해당 팀으로 대부분 발령이 난다. 4개월간 익혀둔 지리감과 팀워크가 향후 업무에 도움이 되기 때문이다. 임용을 받고 실습을 나오기에 업무를 좀 더 적극적으로 대할 수 있다. 내가 선택한 실습지가 나의 첫 근무지가 된다는 생각에 다들 의욕에 넘치는 모습을 볼 수 있다. 그럴 때마다 나의 초임지 시절이 생각난다. 후배들에게 하나라도 더 알려주고, 도와주고 싶다.

이제 진짜 시작이었다. 이제까지는 교육생·실습생이라는 명분으로 예행연습을 했을 뿐이었다. 지금부터는 1명의 경찰로서 업무에 투입될 때였다. 비록 순찰차의 사이렌 켜는 법도 서툴고, 무전 용어도 어색했지만, 의욕만은 넘쳤다. 그토록 원하던 선배님들과 함께 근무하게 되었으니 잘못을 하고 싶지 않았다. 그렇게 나의 행복하면서도 실수 연발, 좌충우돌 우당탕 경찰 생활이 시작되었다.

제복의
품격

사람들이 가장 좋아하는 옷은 무엇일까?

나는 경찰이 된 이후 한결같이 말한다. 내게 가장 잘 어울리고, 내가 가장 좋아하는 옷은 경찰 근무복이라고 말이다. 패션 감각이 좋지 못해 패션테러리스트라고 불리던 내가 유일하게 잘 입을 수 있고 어울리는 근무복, 내 이름이 새겨진 근무복을 처음 입어보던 날의 설렘을 아직도 잊을 수 없다.

경찰학교 입교 이후 한 달간의 제식훈련을 받을 때는 학교에서 제공하는 기동복을 입었다. 교육생 번호에 맞춰 기동복을 수령하러 가면 신체 치수를 보고 대충 맞을 것 같은 것으로 나눠준다. 앞 기수 선배들이 입던 기동복이었고, 우리가 졸업하고 나면 후배들이 다시 물려 입을 것이다. 물론 졸업하고 나면 기동복도 자신의 이름이 새겨진 새 기동복을 받는다.

기성복 같은 기동복을 입고 훈련하다가 근무복을 맞추기 위해 체촌(신체 사이즈를 측정하는 것)을 하니 기분이 묘했다. 근무복 제조 업체도 3, 4군데 정도로 다양해서 본인의 마음에 드는 업체로 선정할 수 있었다. 드디어 내게 맞는 나만의 근무복이 나올 터였다. 한 달간의 제식훈련이 끝나고 학과 수업이 시작되면 근무복을 입고 생활한다. 근무복 입은 모습을 상상하는 것만으로도 행복했다.

드디어 근무복을 수령하던 날, 모든 교육생이 신이 났다. 서둘러 근무복으로 환복을 했다. 내가 원하던 단정한 핏이었다. 수선할 데가 한 군데도 없었다. 아주 마음에 들었다. 들뜬 마음에 동기들과 사진을 수백 장은 찍었다. 이 근무복을 입고 교육을 받고 앞으로 일선 현장에서 근무할 것이다. 소중한 나의 첫 근무복이었다.

학교에서 교육을 받을 때 입은 제복과 졸업 후 현장에서 입은 제복은 같은 옷이지만 느낌이 달랐다. 받아들이는 나의 기분과 마음가짐이 달랐다. 학교에서는 남의 옷을 빌려 입은 기분이었다면, 출근해서 제복을 입는 순간에는 진짜 나의 옷을 입은 것 같았다. 제복이 나를 제대로 된 경찰로 만들어주는 것 같았다. 매일 제복을 입으면서도 이게 꿈인지, 생시인지 싶었다. '드디어 제복을 입은 경찰이 되었구나….' 괜스레 입고 있는 근무복을 쓰다듬어 봤다. 거울 앞에서 몇 번이나 내 모습을 확인했다.

경찰이 되길 꿈꾸면서부터 제복의 의미에 대해 자주 생각했다. 경찰, 소방관, 군인 등 국가를 대신해 사회 전반의 치안과 안전을 책임지는 이들은 그들만을 상징하는 제복을 착용한다. 일반 시민은 제복 입은 자들의 지시를 따르고 신뢰한다.

경찰 제복은 경찰이 사회적 평화를 지키고 법질서를 유지하는 업무를 수행하는 국가의 대변자임을 상징한다. 제복의 기능은 경찰공무원의 활동을 모든 시민에게 인식시키고, 경찰관을 시민과 구분할 수 있으며, 이를 통해 시민을 효과적으로 보호하고 안전을 제공하는 것이다. 그래서 도움이 필요한 곳에 언제든지 경찰이 있다는 사실을 알리고, 동시에 경찰이 사람들의 눈을 피해 군중 속으로 사라지는 것이 아니라, 앞장서서 질서를 회복하도록 도와주기 위한 것이다.

경찰 제복을 입는다는 것은 단순한 유니폼의 개념이 아니다. 제복이 주는 힘은 남다르다. 제복을 착용함으로써 경찰은 그 자체로 국가를 상징할 뿐만 아니라 국가에 헌신하고, 부정으로부터 약자를 보호하는 소명을 엄숙하게 받아들이게 된다. 또한, 소속감과 자긍심을 부여하고 업무를 대함에 있어 책임감 있고, 성실한 자세를 유지하게 해준다. 제복은 동질성을 확인시켜 주기에 동료들과 함께 있을 때 강력한 힘을 발휘한다. 다 함께 제복을 입고 있을 때 두려움은 사라진다. 그러한 경험은 집회·시위 현장에서 더 크게 와닿는다.

경찰 제복은 경찰의 정체성과 관련되어 있다. 즉, 경찰 제복은 국민의 생명과 신체, 재산을 보호하고, 공공의 안녕과 질서를 유지하기 위해 정당하게 행사되는 국가의 공권력을 의미한다. 경찰공무원법에도 경찰공무원은 제복을 착용해야 하며, 복장과 용모를 단정히 하고, 항상 품위를 유지해야 한다고 규정하고 있다. 이러한 개념의 제복은 자칫 그 의무를 다하지 못할

시 언론과 국민의 지탄의 대상이 되기도 한다. 하지만 다른 한 편으로는 의무를 충실히 행한다면, 국가의 안전과 국민의 생명 및 재산을 지킬 수 있는 유일한 방법으로 신뢰를 얻고 그 가치가 높아지게 된다.

한반도선진화재단의 사무총장 이용환 씨는 동 재단 칼럼 〈제복의 품격〉에서 이렇게 말한다. '제복이란 특별한 직군의 사람들이 입는 복장이다. 공직 중에는 경찰, 소방관, 군인, 교도관과 법복을 입는 판검사가 이에 해당한다. 제복을 입게 되면 언행이 신중해지고 믿음이 묻어난다. 그래서 제복을 입은 사람들은 정직성과 책무성이 높다는 인상을 준다. 제복에 품격이 묻어나는 이유다'라면서 '제복은 정직성과 책임감의 상징으로 비친다. 제복은 소속감과 일체감을 부여하는 역할을 한다. 그래서 사람들은 제복을 입으면 직무와 직분에 충실히 하고자 마음을 바로잡는다. 제복이 주는 위엄과 책임감 때문이다'라고 했다.

나 역시도 제복을 입을 때와 입지 않을 때의 마음가짐이 달라짐을 느낀다. 제복을 입는 동안에는 정직함과 책임감을 느끼고, 성실하게 업무에 임해야 한다는 생각이 저절로 든다. 또한, 제복의 품격을 떨어뜨리는 행동을 하지 말아야겠다고 생각하며 스스로 행동을 되돌아보게 된다. 제복을 입은 이들은 제복에 어울리는 자세를 갖춰야 하기 때문이다.

제복에는 국민의 신뢰가 담겨 있기에, 입으려는 사람은 그 무게를 감당해야 한다. 그렇지 못할 때 제복의 명예와 신뢰도에

타격을 입게 된다. 제복을 입는 이들은 그에 걸맞은 투철한 직업의식을 가져야 한다. 직업의식이라는 것은 위험하고 응급한 상황에서 빛을 발한다. 경찰은 국민을 돌볼 책임과 의무가 있고 제복을 입음으로써 특수한 상황에서의 희생을 강요받는 것이다. 제복 입은 자들의 책임감이 실종되면 엄청난 재앙을 초래할 수 있다.

공직자는 본인 스스로 엄격해야 한다. 특히 제복을 입는 이들은 일반 공직자보다 더 엄격해야 한다. 제복을 입은 군인, 경찰, 소방관 같은 공직자들은 다른 어느 분야보다 특수한 직무를 수행하기 때문이다. 국민의 삶과 밀접하게 연관되어 있고, 치안을 챙기며, 법질서를 세우고, 위급 상황에서 생명을 구하며, 나라를 지키는 역할을 한다. 나라가 혼란할 때 중심을 잡아주는 역할도 하고, 법의 공정한 집행도 그들의 몫이다. 그렇기에 제복 입은 자들에게는 더 엄중한 잣대가 적용되는 것이다.

지금, 이 순간에도 전국 13만 경찰관들은 불철주야 국민의 생명과 신체, 재산을 보호하고, 국민이 안전한 생활을 할 수 있도록 질서유지 및 범죄예방에 힘쓰며, 교통안전 및 사고 예방을 위해 자신의 몸을 아끼지 않고, 임무를 충실히 하고 있다. 경찰관도 경찰이기 이전에 한 가정에서는 아버지, 어머니이자 동시에 소중한 아들, 딸로서 그 역할을 다한다. 하지만 단순한 옷이 아닌 경찰 제복을 착용함으로써 개인이 아닌 경찰관으로서 수행해야 할 의무를 지니게 되는 것이다.

누구나 한 번쯤 제복 입은 자신의 모습을 꿈꿔봤을 것이다. 하지만 누구나 다 경찰 제복을 입을 수 있는 것은 아니다. 이러한 점에서 경찰 제복을 입는다는 것은 국가로부터 부여받은 고유한 특권이라고 볼 수 있다. 그렇기에 매일 착용하는 경찰 제복을 단순히 옷이라고 생각할 게 아니라 그 안에 내포된 의미를 다시 생각해볼 필요가 있다. 비록 그 제복의 무게감과 책임감이 어깨를 짓누를 만큼 무겁게 느껴지고 힘들게 생각되겠지만, 이 또한 우리가 짊어지고 나가야 할 의무이자 특권인 것을 가슴속에 새기고 임무에 충실해야 할 것이다.

나는 2012년에 경찰학교에서 체촌했던 근무복 바지를 아직 입고 있다. 10년이 넘은 바지를 입는 것을 보면 놀라는 이들도 있다. 우스갯소리로 이제 그만 그 바지를 놓아주란 말도 한다. 아직은 해지지 않기도 했고, 처음이 주는 남다른 의미 때문인지 처분하지 못하고 계속 손이 간다.

직업이 주는 의미에 대해 생각할 때마다 제복을 떠올린다. 제복이 나에게 주는 의미를 생각한다. 가슴 설레던 첫 만남을 떠올린다. 지금도 입을 때마다 거울 앞에서 나를 점검해보게 하는 제복의 의미를 생각한다. 오늘도 제복이 주는 설렘을 느끼며, 제복의 품격에 어울리게 사명감과 책임감으로 업무에 임할 것이다. 국민의 신뢰를 바탕으로 오직 양심에 따라 법을 집행하는 공정한 경찰이기를, 누구에게나 따뜻하게, 그러나 불의와 불법에 타협하지 않는 정의로운 경찰이기를, 허가받은 권력과 권한으로 국민을 보호해줄 것을 다짐한다.

끈끈한 전우애가 생기는 여경기동대

경찰은 1년에 2번 정기 인사이동이 있다. 대개 1월과 7월이 인사시즌이다.

2014년 7월, 하반기 정기 인사가 끝났고, 나는 상반기부터 근무 중이던 수사과 경제팀에서 일하던 중이었다. 그런데 갑자기 선배님 한 분이 오시더니 "선하야. 너 기동대 발령 났대!"라고 하시는 것이 아닌가. 인사이동도 끝났는데 갑자기 발령이 났다고 해서 나는 어리둥절했다. 알고 보니 경찰관 기동대(이하 기동대)에 있던 직원이 임신하면서 공석이 생긴 것이다. 집회시위 등 다수의 인원이 필요한 기동대 인원은 공석으로 둘 수가 없다. 서울청에서는 별도로 관리하는 기동대 명부가 있고, 명부상 1순위가 나였던 것이다.

여경기동대는 전국에 서울청, 경기 북부·남부청, 대구청, 광주청, 부산청에만 편성되어 있다. 그 외 지방청에서는 여경부대가

대한민국 경찰관으로 산다는 것

필요하면 임시편성 부대를 꾸리거나, 가까운 지방청에서 기동대 근무 동원을 받는다.

인사발령 시즌도 끝났고, 혼자서 중간에 투입되는 것이 여간 어색한 것이 아니었다. 여경기동대는 소문이 무성했다. '선배들이 기강을 잡는다더라. 눈 밖에 벗어나면 안 되니, 알아서 잘해라' 등 '카더라' 소문이 많았다. '그래, 어차피 다 같은 직원들이 모인 곳이야. 나는 막내니까 내가 할 일 하면 되는 거야. 겪기도 전에 소문만 듣고 지레 겁먹지 말자!'라는 다짐을 하고 기동대로 출근했다.

당시 서울청 여경기동대는 창신동에 있는 24기동대밖에 없었다. '이런 곳에 기동대가 있기는 한 걸까?' 싶을 정도로 골목 깊숙한 곳에 여경기동대가 자리 잡고 있었다. 5층에 있는 사무실로 올라가자 왁자지껄하게 웃고 떠드는 선배들이 보였다. 갑자기 생소한 얼굴이 보이니 이목이 쏠렸다. 자기소개를 하고 내가 배정된 팀으로 갔다.

여경 24기동대는 3개의 제대로 편성되어 있었다. 1개 제대마다 4개의 팀으로 구성되었고, 각 팀은 대개 8명 정도로 이뤄졌다. 나는 2제대 2팀에 속했다. 다행히 나를 아는 선배들이 있었다. 선배들은 친절하게 기동대 생활에 대해 안내해줬고, 빠르게 기동대 생활에 적응할 수 있었다.

기동대가 하는 업무는 생각보다 다양했다. 기동대란 경찰이 다중범죄의 진압, 경호/경비, 기타 치안업무 보조를 위해 보유하는 경찰부대라고 생각하면 된다. 전·의경이 감축되면서 '2008년 촛불시위'부터 본격적으로 등장했다. 경찰 기동부대의 임무는 '경비'다. 혼잡한 곳이나 집회시위, 다중범죄 현장, 국가행사 등 다양한 상황에서 경비경찰의 업무를 수행한다.

혼잡경비는 대규모 행사 등에서 압사사고, 테러, 기타 범죄가 발생하지 않도록 경계활동을 펼치는 업무다. 이런 업무가 있는 것을 몰랐을 때는 '왜 행사장마다 경찰이 있는 걸까?'라고 생각했었다. 서울세계불꽃축제 등 대규모 인원이 몰리는 행사장에 항상 형광 조끼를 입은 경찰관이 다수 배치된 모습이 이제는 이해가 된다.

재난경비는 재난이나 재해가 발생해서 현장 조치가 필요할 때 국민의 생명과 재산을 보호하기 위한 경비활동이다. 삼풍백화점 등 대형 사고가 발생했을 때 경찰관들이 폴리스라인을 형성하고 취재진과 외부인의 모습을 막는 것을 볼 수 있는데, 이것이 재난경비에 속한다고 보면 된다. 또한, 재난재해 현장 주변은 약탈당하거나 치안공백이 생길 우려가 있다. 최근 발생한 울진 산불현장에서도 빈집 털이가 발생한 사례가 있다. 주인이 피난 가서 텅 빈 가옥 등을 약탈한다든지, 고인의 유품이 도난당하는 일을 예방하기 위해 현장 주변을 순찰하고, 검문을 한다.

경비 업무 중 하나로 국가 중요시설 경비 업무도 있다. 적에 의해 점령, 파괴, 기능이 마비될 시 국가 안보와 국민 생활에 막대한 피해를 주는 시설을 보호하는 업무다. 광화문 광장의 세종대왕, 이순신 동상 및 국회의사당, 정부청사 및 각 대사관과 미군 부대를 경호하는 업무가 이에 속한다.

선거경비에도 동원된다. 대통령, 국회의원 선거 등 각종 선거가 공정하게 이뤄질 수 있도록 경비를 지원한다. 투표소를 경비하고, 봉인된 투표함이 수송될 때 호위를 함은 물론, 개표소에서도 경비활동을 한다.

무엇보다 잘 알려진 것은 집회시위 관리 업무다. 각종 집회, 시위현장에 나가 시민들이 안전하게 집회를 끝마칠 수 있도록 경비하고, 집회 도중 일어나는 불법 행위를 단속하며, 신고되지 않은 불법 집회를 해산시킨다. 기동대원 각자의 판단이 아닌, 지휘관 1인의 명령에 따라 움직인다.

서울은 집회시위가 매일 일어난다. 기동대에 오기 전까지 집회시위가 이렇게 많은지 몰랐다. 상상을 초월했다. 규모가 크냐, 작냐의 차이만 있을 뿐이다. 하루에만 신고된 집회시위 건수가 여러 건이었다. 우리나라는 적법한 집회시위를 '집회및시위에관한법률'에서 규정하고 있다. 법에 신고된 적법한 집회시위는 나라에서 보장한다. 하지만 신고된 범위를 벗어나는 순간 불법 집회로 변질되고, 경찰은 이를 통제하게 된다.

여경기동대는 1999년에 창설되었다. 이전까지는 여성 시위자도 남자가 체포하면서 인권에 대한 제기가 심심찮게 있었다. 그러다가 여경기동대가 창설되면서 '부드러움으로 폴리스라인을 친다'라는 슬로건이 내세워졌다.

간혹 집회시위 현장에서 제기되는 '여경무용론'을 보면 가슴이 아프다. 나 또한 현장에서 겪어봤지만, 불법 시위로 변질되는 상황으로 가면 시위자들은 경찰의 안내를 들으려 하지 않는다. 이미 체포 명령은 떨어진 상태, 시위자를 체포하려고 하면 격렬하게 발버둥을 치며 경찰관에게 맞선다. 머리부터 발끝까지 주먹으로 맞고, 손바닥으로 맞으며, 머리채를 쥐어뜯기고, 발로 차인다.

그래도 시위자를 과격하게 체포할 수는 없다. '인권보호'라는 명목 아래 경찰관은 맞을지언정 시위자들은 다치게 하면 안 된다.

기동대원들은 수갑을 사용하지 않는다. 체포는 하되 수갑은 채우지 않는다. 최대한 시위자를 다치지 않게 체포하자면 양팔을 각자 1명씩 잡고 이동해야 한다. 그나마 서 있는 시위자라면 다행이다. 자리에 앉아서 서로 양팔과 다리를 교차하고 있는 연좌 시위자들은 팔다리를 풀어내면서부터 실랑이가 시작된다. 서로의 팔다리를 분리한 후 앉아 있는 상태로 연행하게 된다. 각자 팔다리를 1명씩 잡고 옮기려면 시위자 1명에 경찰관 4명이 필요하다. 혹시나 연행 도중 다치진 않을까 뒤를 봐주는 경찰관도 필요하다. 또한, 적법하게 체포가 이뤄졌음을 촬영하는 채증 담당 경찰관이 있어야 한다. 채증 담당 경찰관을 시위대가 끌고 가거나, 채증 자료를 뺏어가려는 경우가 종종 있기에 채증 직원을 보조할 보조 직원도 필요하다.

또한, 요즘 집회시위 현장에는 유튜버들도 참석해서 체포 현장을 생중계하며 불법 체포가 있지는 않나 눈여겨본다. 인권에 피해 가지 않게 체포를 하면 쓸데없이 많은 인원이 투입된다고 하고, 조금이라도 시위대가 아파하면 강압 경찰이라고 하니, 쓸쓸한 현실이 아닐 수 없다.

기동대는 매년 사회적 이슈에 민감한 부서다. 내가 기동대에 근무한 시기는 2014년 8월부터 2015년 7월경으로, 세월호 1주기 집회가 있던 때였다. 광화문에서 살다시피 근무했다. 새벽 2시에 퇴근해서 아침 7시에 출근하는 날도 있었다. 쉬는 날이어도 비상 근무가 걸리면 최대한 이른 시간 안에 광화문으로 집결해야 했다. 휴무여서 물놀이를 갔다가 비상소집이 걸려서 옷이 물에 젖은 채로 광화문으로 달려온 직원도 있었다.

경찰 버스에서 대기하는 시간도 많았다. 광화문은 경찰관이 워낙 많이 근무하는 곳이다 보니 시민들이 크게 개의치 않지만, 다른 지역으로 경비 업무 등을 나가면 경찰관이 많이 돌아다녀서 불안하다고 민원을 제기할 때도 있었다. 한번은 봉고차에 여직원 15명이 타서 10시간가량을 대기한 적이 있다. 불법 시위로 변질되지 않아 체포하지 않아도 되어 다행이었지만, 갑갑한 봉고차에서 화장실을 갈 때를 제외하고는 꼼짝도 못 하는 것이 너무 힘들었다. 한여름인데도 공회전을 하면 안 되니 시동을 끈 상태로 에어컨을 켜지도 못하고, 창문에서 불어오는 바람에만 의존해서 10시간을 보냈다. 나는 막내여서 제일 뒷좌석 구석에 앉아 있었는데, 팔다리 한 번 제대로 펼 수 없이 옴짝달싹할 수 없었던 그날의 기억은 '봉고차의 악몽'으로 남았다.

그런데도 나에게 여경기동대는 너무 행복한 추억으로 남은 곳이다. 바로 서울청 동기들을 만날 수 있었기 때문이다. 274기 서울청 여경 동기들은 16명밖에 되지 않는다. 서울에만 경찰서가 31곳이 있다. 각자 다른 경찰서에 흩어져 보지 못했던 동기들이 하나둘 기동대로 모였다. 선배들만 가득하던 공간에 동기들이 생기니 왠지 모르게 든든하고 마음이 편했다.

내가 속한 2제대에서 온종일 붙어 다녔던 4명의 동기가 있다. 비바람을 맞으며 출동도 같이 나갔고, 퇴근 후 여가도 함께했다.

쉬는 날에도 몰려다녔다. 마음 맞는 동기들과 함께하니 힘든 일
과도 힘들지 않게 느껴졌다.

서울청의 경우 순경은 의무적으로 기동대를 1년 다녀와야 한
다. 함께하는 시간이 오죽 좋았으면, 우리는 의무 복무가 끝날
시점에 기동대 복무를 연장하고 싶다고 건의까지 했다. 물론 받
아들여지지는 않았지만, 그만큼 동기들과 함께하는 시간은 행
복했고 마음에 큰 힘이 되었다.

그들과는 '다섯별'이라고 이름 지은 카카오톡 단톡방에서 지
금도 연락하고 지낸다. 비록 최근에는 코로나19 팬데믹으로
2년째 못 보고 있다. 언제나 보고 싶고 마음으로 떠올리는 동기
들. 하루빨리 재회해서 그간의 회포를 풀고 싶다. 어제 본 사이
처럼 웃고 떠들고 싶다.

지금도 기동대에 좋지 않은 인식을 가지고 있거나, 기동대에
가는 것을 걱정하는 후배들에게 말한다. 겪어보기 전에 소문에
휘둘리지 말라고. 자신이 겪어봐야만 알 수 있으니 색안경을 끼
고 보지 말라고 말한다. 나는 지금도 기동대에 다시 가고 싶다
고 입버릇처럼 말한다. 어느 곳이든 업무가 힘든 것이 아니라
사람이 힘든 법이다. 향후 같이 근무하게 될 후배와 동료들에
게 기동대의 좋은 점을 알려주고 싶다. 기동대에서의 시간이 너
무 행복했던 나와 동기들은 아직도 기동대에서 다시 만날 그날
을 기약한다.

거리의
재판관

　흔히 경찰을 가리켜 '거리의 재판관'이라고 한다. 거리의 재판관이란 무슨 뜻일까? 이는 경찰관의 업무가 대부분 거리(현장)에서 이뤄지기 때문이다. 거리에서 재판관을 대신해서 경찰관들이 법 집행에 있어서 정당성과 공정성 그리고 책임성을 확보해야 함을 뜻한다. 이러한 이유로 인해 경찰관은 법 집행 현장에서 더더욱 침착성과 냉정한 판단력을 요구하고 있다.

　지구대 순찰 업무는 경찰 업무의 전반적인 면을 다루고 있다. 담당 부서에서 처리하듯이 전문적이지는 않더라도 현장에서 행할 수 있는 전반적인 조처를 하는 것이다. 민원인들이 첫 번째로 만나게 되는 경찰이라고 봐도 무방할 것이다.

　신고가 접수되었을 때 현장에서 처음 행하게 되는 것을 초동조치라고 한다. 해당 부서에 업무를 이관하기 전에 현장에서 필요한 조치를 지구대 경찰관이 처리한다. 나는 지구대 업무가 좋다.

지구대 업무는 경찰 업무 전반에 대한 기초 지식을 가지고 있어야 하고, 어떤 질의에 대해서도 응대할 수 있어야 한다. 개정되는 법을 수시로 확인하고, 팀원들과 현장에서 적재적소에 대응하기 위해 서로의 의견을 나누며 배워간다.

신고가 접수되어 현장을 가보면 현장에서 해결할 수 있는 사건들이 있다. 그런 사건들은 대개 신고자들 간에 감정이 상해서 신고가 접수되는 경우가 많다.

한 남성이 택시를 잡으려고 길가에 서 있었다. 때마침 택시가 지나가기에 손을 흔들었는데, 택시가 그냥 지나가더란다. 자신을 못 본 것이라고 생각해서 택시 트렁크 쪽을 두드렸다. 그런데 트렁크를 두드린 것이 시비가 되어 신고 접수가 되었다. 택시 기사의 말을 들어보니 자신은 콜택시 접수가 되어 가는 길이었고, 이 남성에게 접수 화면을 보여 주었단다. 그런데 화가 난 남성이 자신의 차를 세게 찬 것 같으니 처벌을 해달라는 것이다. 늦은 밤, 핸드폰 플래시 조명으로 차 트렁크가 찌그러진 곳은 없나 계속해서 살피고 있었다.

자, 한번 생각해보자. 택시 기사께서 사용하시는 콜택시 전용 화면을 일반인이 알 수 있을까? 멈춰 서서 설명해준 것도 아니고 저속으로 운행하면서 화면을 손가락으로 가리킨 것만으로 남성이 그 사실을 인지할 수 있을까? 나는 어렵다고 판단했다.

이 남성도 몰랐다고 한다. 안내를 못 받아서 기분이 나빴다고 말했다. 자기는 발로 찬 적이 없고 택시를 세우듯이 트렁크를 두드렸을 뿐이라고 한다. 차를 세워서 설명만 해줬어도 이해가 되었을 것이라고 했다. 택시 기사의 주장은 손괴죄로 처벌을 해 달라는 것이다. 재물손괴로 처벌할 수 있으려면 손괴로 인해 차량을 영구적 또는 일시적으로 원래의 목적으로 이용할 수 없는 상태가 되어야 한다. 처벌될 리도 없지만, 처벌만이 능사는 아니다. 무엇이든 자신의 견해에서는 당연한 것도 상대방에게는 당연하지 않으며 낯설고 어려울 수 있다. 역지사지(易地思之)의 입장이 되어보는 것이 필요하다. 이럴 경우는 서로 한 발씩만 양보하면 사과하고 현장에서 해결할 수 있다. 다행히 두 분은 서로 사과를 했고, 원만히 해결할 수 있었다.

코로나19 장기화로 인해 일상 생활이 많이 변화했다. 예전에는 한겨울에 감기를 예방하기 위해 사용하던 마스크가 이제는 일상 생활이 되었다. 새로운 신조어도 많이 생겨났다. 코로나 시국을 줄여 '코시국', 마스크 벗었을 때와 착용했을 때 얼굴이 많이 다른 형태를 보고 마스크와 사기꾼을 합친 말로 '마기꾼'이라는 신조어가 생겼다.

가장 문제가 된 것은 '코로나 블루(우울)'와 '코로나 레드(분노)'다. 코로나 블루는 '코로나19'와 '우울감(Blue)'이 합쳐진 신조어로, 코로나19 확산으로 일상에 큰 변화가 닥치면서 생긴 우울감이나 무기력증을 뜻한다. 코로나 레드는 코로나 블루를 넘어선 상태로, 장기화된 감염병 상황에서 생겨난 우울함이나 불안 등의 감정이 분노로 폭발하는 것을 가리킨다. 흔히 말하는 분노조절장애 상태가 되는 것이다.

예상보다 길어지는 코로나19 사태로 인해 사람들의 스트레스가 지속해서 쌓이고 경제적 위기까지 이르게 되자, 외부에서 그 원인을 찾고 탓을 돌리는 분노의 감정이 커지게 된 것이다. 이에 사소한 일에도 짜증을 내거나 화를 내는 사례가 잦아졌다. 자칫 잘못 건드리면 펑 터져버리는 빵빵하게 부푼 풍선같이 위험한 감정 상태가 되었다.

코로나19로 인해 자가격리, 재택근무, 가정보육, 학생들의 온라인 학습 등이 생활화되었다. 가정마다 집에서 생활하는 시간이 길어지면서 가족구성원 간에 붙어 있는 시간이 늘어났다. 이에 사소한 일로도 감정이 상하는 일들이 늘어나면서 가정에서 발생하는 사건이 증가하고 있다. 알코올중독 및 가정폭력, 아동학대, 층간소음 신고들이 대표적이다.

지금은 많이 완화되었지만, 영업제한 시간 준수로 인해 손님과 업주 간의 마찰도 심심치 않게 벌어진다. 21시까지 영업 제한이 있던 시기에는 21시가 넘었는데도 영업을 한다는 신고가 하룻밤에도 몇 건씩 접수되었다. 시청 직원분들과 현장을 확인해 보면 허위 신고인 경우가 대부분이었지만, 실제 영업을 하는 경우도 있었다. "죽지 못해 살고 있는데 꼭 단속까지 해야 하냐?"라는 말을 들으면 단속하면서도 미안한 마음이 들었다. 자영업자인 부모님 생각도 많이 났다.

마스크 미착용으로 인한 길거리 및 영업장 내에서의 시비도 문제가 되고 있다. 사상 초유의 바이러스로 인해 전 국민이 예민한 시기다. 그런데 나만 편해지자고 마스크를 하지 않거나, 턱에 걸치고 다니는 턱스크는 타인을 불편하게 한다. 나의 자유는 타인의 자유를 침해하지 않는 범위 한에서 누릴 수 있는 것이다.

신고 현장에서 마스크를 착용해달라고 정중하게 요청해도 "자유민주주의 국가에서 내가 마음대로 마스크도 못 벗어?"라며 언성을 높인다. 시국이 시국이고 서로의 안전을 위한 최소한의 조치임에도 왜 이렇게 경각심을 가지지 않는 것일까. 무엇이 그렇게 화가 나는 것일까. 면전에 비흡연자를 두고도 담배를 피우고 침과 가래를 뱉는다. 그들에겐 배려심이라는 단어가 세포 속에 없는 것일까.

사람들이 괘씸죄라고 부르는 것들이 있다. 사전적 의미로 아랫사람이 윗사람이나 권력자의 의도에 거슬리거나 눈 밖에 나는 행동을 해서 받는 미움이다. 단어 그대로 누군가가 하는 행동이 괘씸해서 불이익을 준다는 말이다. 기분은 나쁘지만, 그냥 넘길 수 있는 일도 괘씸해서 처벌해달라는 경우가 많다.

신고자가 분실한 카드를 누군가 사용했고, 범인을 잡고 있다는 신고가 접수되었다. 만에 하나 신고자와 범인 간에 싸움이 생기거나 범인이 도주할 우려가 있기에 신속하게 현장에 도착했다. 신고자는 30대 중반의 여성이었고, 범인은 70대 할머니 두 분이셨다. 비록 사용 금액은 900원으로 소액이었지만, 할머니들의 태도가 신고자의 기분을 상하게 했다. "젊은 여자가 칠칠치 못하게 카드나 흘리고 다니냐. 우리가 결제해서 카드를 찾았으면 고맙다고 인사는 못 할망정 어디서 도둑놈 취급이야!"라며 삿대질을 하고 소리를 지르셨다. 타인의 카드를 사용해서 미안하다고 사과하면 끝났을 일이다. 여성분은 결제 취소를 해서 금전적 손해가 없고 카드를 찾았으니 사과만 받으면 될 일이었는데, 어르신들의 태도가 괘씸해서 사건 접수를 원한다고 하셨다. 어르신께서도 사과할 마음이 없으시단다.

　우리나라 사람들은 유교 사상의 영향으로 어른을 공경해야 한다는 말을 귀에 딱지가 앉도록 들어왔다. 하지만 어른도 실수를 한다. 실수했을 때는 상대가 어린이든, 어른이든 나이를 떠나서 잘못을 인정하고 사과를 해야 한다. 그것이 진정한 어른의 모습이다. 잘못했을 때는 인정하고 사과를 하면 된다. "죄송합니다" 이 한마디면 해결될 일도 순간의 자존심 때문에 언성을 높이고 결국 다툼이 된다. 마음에 여유를 가지고 조금만 유연하게 대처하면 쉽게 해결될 일들을 어렵게 만드는 이들이 너무 많다. 안타까운 현실이다.

　'자기 자신에 관해서 관대한 재판관이 아닌 사람은 없다'라는 라틴어 명언이 있다. 사람들은 보통 자기 자신에게는 너그럽게 대한다는 뜻을 담고 있다. 오늘도 거리에서는 다양한 사건들이 발생한다. 자신에게는 관대하고 타인에게는 인색하기에 벌어지는 일들이다. 그럴 때마다 현장에서 매 순간 스스로 되뇌인다. '나는 지금 공정하게 법 집행을 하고 있는가? 한쪽으로 치우친 시각으로 보고 있지는 않은가? 신고자들에게 알아듣기 쉽게 설명을 하고 있는가?'라고 고민한다.

　거리의 재판관이라 불리는 경찰관으로 살아가는 동안에는 업무처리를 함에 있어 항상 정당하고 공정해야 할 것이다.

경찰서를 대표하는 미소가 되다

"배선하 순경님이시죠? 서장님 부속실입니다."

심장이 철렁했다. '서장님 부속실에서 전화가 올 일이 뭐가 있을까? 내가 엄청나게 큰 사고라도 쳤나?' 아무리 머리를 굴려봐도 알 수가 없었다. 기어들어 가는 목소리로 맞다고 대답을 했다. 이야기를 들어보니 전화를 건 이유인즉슨, 서장님께서 경찰서를 대표하는 직원 3명을 뽑으라고 했단다. 3명의 기준은 평판이 좋고 인사를 잘하거나, 미소가 아름다운 사람이란다. 직원들의 평판을 듣고 추천받아 3명을 뽑아 연락했다고 한다. 서장님과 3명이 경찰서를 대표해 사진을 찍고 홍보 팸플릿을 만들 예정이라고 했다.

당시 나는 신임 순경으로, 보이는 직원마다 인사를 했다. 보고 또 봐도 인사를 하고 또 했다. 하루에 10번을 만나도 10번을 다 허리를 숙여 인사했다. 심지어 경찰서를 지키는 의경에게도 깍듯이 인사했다. 보통 두어 번 만나면 눈인사를 하거나 간단히 고개만 숙일 수도 있는데, 볼 때마다 웃으며 인사하는 내 모습이 선배님들이 보기에 예뻐 보였나 보다. 많은 선배님이 나를 추천해줬다고 들었다.

보통 경찰서장은 1~2년에 한 번씩 바뀐다. 대통령이 바뀌면 정책이 바뀌듯, 한 기관의 장인 경찰서장이 바뀌면 경찰서 시책도 바뀌게 마련이다. 당시 서장님께서는 직원들에게 일할 맛 나는 직장, 웃을 수 있는 직장을 만들어주려고 노력하셨다. 직장 내에서 아빠 학교도 시행해 가정에서 외로울 수 있는 아빠들이 가족의 사랑을 느낄 수 있도록 가족 문화를 장려하셨다.

2013년도 서연식 관악경찰서장님께서 내건 슬로건은 '내가 웃으면 세상도 웃습니다'였다. 직원들에게 추천받아 선발된 3명의 직원이 사진 촬영을 위해 한자리에 모였다. 여경 선배님과 다른 남자 선배님, 그리고 나까지 모두 3명이었다. 이런 자리가 처음이라 어색했던 나는 쭈뼛거렸다. 하지만 연륜 있는 선배님께서 분위기를 잘 이끌어주셨다. 덕분에 더운 여름날임에도 재미있고 신속하게 촬영을 마칠 수 있었다.

며칠 뒤, 내 얼굴이 경찰서에 붙어 있다는 연락을 받고 경찰서에 방문했다. 정문을 들어서자마자 눈이 휘둥그레졌다. 경찰서 본관 측면 외벽을 커다란 현수막이 덮고 있었다. 그 현수막에는 '내가 웃으면 세상도 웃습니다'라는 슬로건과 함께, 두 선배님과, 나, 서장님의 환한 미소가 새겨져 있었다. 얼굴은 각자의 사진을 인용했고, 몸은 캐리커처럼 귀엽게 그려져 있었다. 그 옆에 '환한 미소, 밝은 인사, 모두가 행복해져요'라는 부제목

대한민국 경찰관으로 산다는 것

이 달려 있었다.

현수막이 끝이 아니었다. 가로, 세로 10cm 길이의 정사각형 방수 스티커로 제작되어 경찰서 전체 사무실과 화장실 등에 부착해두었다. 멋있어지려고 찍은 사진이 아니라 즐거움을 줄 수 있는 사진을 찍었다. 그리고 그 콘셉트가 통했던 모양이다. 사진을 보고 직원들이 재미있다고 웃었다. 일하다가도 현수막과 스티커를 보면 웃음이 난다고 했다.

부모님에게도 스티커를 보내드렸다. 무뚝뚝한 아버지였지만, 딸이 열심히 회사 생활하고 인정받는 듯한 모습에 기분이 좋으셨던 모양이다. 다음에 고향에 내려가 보니 아빠의 자동차 유리에 스티커가 부착되어 있었다. 운전을 많이 하시는 아빠가, 운전하시면서 수시로 내 모습을 보고 계셨던 것이다. 자식 사랑은 이렇게 생각지도 못한 곳에서 드러난다.

이후 한참을 직원들에게 회자되었다. 관악경찰서는 전 직원이 800여 명 정도 되는 곳으로, 같이 근무하거나 지인 사이가 아니면 모르는 직원들도 많다. 하지만 홍보 활동의 위력은 대단했다. 나를 모르던 분들도 "아, 현수막 촬영했던 직원이구나!" 하시며 한눈에 알아보셨다. 나를 보며 힘든 업무 중에 웃는 분들이 계신다 생각하니 기분이 좋았다. 선한 영향력을 미치는 기분이었다.

당시 그 일로 인해 경찰 생활에 하나의 기준이 생겼다. 힘든 일이 있더라도 내가 먼저 웃을 것, 불평불만 하지 말 것. 내가 불만을 토로하면 옆에 사람이 2배로 힘들어지니, 불만에 대해서는 신중하게 생각할 것이었다. 이후 서장님께서 다른 경찰서로 가셨지만, 감사의 인사를 이메일로 보냈었다. 초임지 경찰서장님으로 이렇게 인자하고 직원들을 위해주시는 서장님을 만나 행복했고, 앞으로 다시 한번 서장님을 모시고 싶다는 진심이 어린 인사를 드렸다. 분명 서장님께서는 지금 계신 자리에서도 직원들의 신임과 존경을 받고 계실 것이다.

미소는 상대방을 웃게 하는 힘이 있다. 지금도 일을 할 때면 직원들이 묻는다. "선하 씨는 뭐가 그렇게 신이 나서 항상 웃고 있어?"라고.

나도 모르게 웃고 있나 보다. 그런 질문을 받을 때마다 생각해보면, 대답은 하나다. '나는 일하는 지금, 이 순간이 행복하다'라는 것이다. 언제 입어도 가슴이 뛰는 근무복을 입고 근무할 수 있다는 사실만으로도 행복하다. 그래서 자꾸 웃음이 난다. 직원들과 커피 한잔 마시며 나누는 여담도 즐겁다. 밤을 꼬박 새워서 다크서클이 무릎까지 내려올 것만 같은 야간근무가 끝날 때도 행복하다. 민원인으로부터 욕을 너무 많이 먹어 속상할 때도 나를 위로해주는 동료들이 있어서 행복하다.

첫째 아이를 키우며 3년여를 육아휴직을 하고, 둘째 아이를 키우면서 1년을 육아휴직을 했다. 오랜 육아휴직을 하면서도 다시 근무할 날만 떠올리면 행복했다. 돌아갈 수 있는 직장이 있음에 감사했고, 다시 제복을 입을 수 있다는 것에 행복했다. 행복한 이유를 따지자면 끝이 없다. 웃을 수 있는 이유가 수도 없이 많다.

나는 긍정의 힘을 믿는다. 어떤 상황일지라도 긍정적으로 생각하려고 노력한다. 어릴 때부터 친구들에게 "너는 정말 긍정적이야"라는 말을 많이 들었다. 긍정적이기에 상황이 더 수월하게 흘러간다고 여긴 적도 많았다. 남들이 보기에는 거저 주어지는 것처럼 보일 때도 있었다. 하지만 나는 항상 긍정적으로 생각하며 내가 원하는 것을 간절히 원했다. 내 것이 아니라고 생각하면 빠르게 포기하기도 했지만, 간절히 원하는 것은 '무조건 된다!'라고 생각하며 긍정의 힘으로 노력하고 또 노력했다.

'긍정 심리학'이라는 것이 있다. 긍정적인 사고가 삶에 미치는 심리 현상에 관해서 연구하는 심리학이다. 불안과 우울, 스트레스와 같은 부정적 감정보다 개인의 감정과 미덕 등 긍정적 심리에 초점을 맞추는 것으로, 미국 펜실베이니아대 심리학부 교수 마틴 셀리그먼(Martin Seligman)이 창시한 학문이다.

나는 힘든 일이 있을 때도 불안과 초조의 늪에 빠지려다가도 '하늘이 무너져도 솟아날 구멍은 있어!'라는 말을 동아줄처럼 부여잡고 어떻게든 상황을 긍정적으로 해결할 방안을 찾는다. 긍정의 힘을 믿는 것이다.

나는 지금도 출근하면 만나는 모든 직원에게 일일이 눈을 마주치며 인사를 한다. 식당 이모님과도 반갑게 인사한다. 볼일이 있어서 경찰서에 가게 될 때도 마주치는 직원마다 인사를 한다. 나를 모르는 직원이라도 눈이 마주치면 일단 인사부터 하고 본다. 미소도 하품처럼 주변에 퍼지는 전파력을 가지고 있다. 나의 미소를 본 사람이 다음에 나를 보면 먼저 미소 짓게 되어 서로 기분이 좋아진다. 그렇게 좋은 이미지를 쌓아가고 좋은 인연이 되어가는 것이다. 누구도 배은망덕한 사람을 좋아하지는 않는다. 미소와 감사를 생활화하려고 노력해보자. 그러면 생활이 더 풍요로워질 것이다.

미국의 심리학자 윌리엄 제임스(William James)는 이렇게 말했다.

"행복해서 웃는 것이 아닙니다. 웃어서 행복한 것입니다."

당신의 미소가 누군가에게 힘이 된다는 사실을 잊지 말자. 당신의 미소 한 번이 세상을 바꾸는 선한 영향력이 될 수도 있다. 힘든 생활에 단비가 될 수 있도록, 경찰을 향한 인식이 바뀔 수 있도록 내가 만나는 민원인에게 오늘도 미소를 짓는다.

07

경찰도
사람이다

"내가 내는 세금으로 월급 받는 것들이!"라는 말은 공무원이라면 직종을 불문하고 누구나 한 번쯤은 들어봤을 것이다. 정말 그가 내는 세금으로 내가 먹고사는 것일까?

"내 세금으로 공무원 월급을 준다"라는 악성 민원인들에게 '충주시 홍보요원' 김선태 주무관이 2020년 9월 15일에 충주시 유튜브에 '공무원은 내 세금을 얼마나 받아먹을까?'라는 제목으로 영상을 올렸다. 홍보요원은 기획재정부가 공개한 자료를 바탕으로 대략적인 계산을 했다.

자료에 따르면 2019년 국가 공무원 인건비 대상인 공무원 총수는 168만 명이다. 이 자료에서 공립교원은 제외하고 대략 135만 명을 기준으로 계산했다. 공무원 인건비 총액은 연간 41조 6,000억 원이다. 국민 5,200만 명을 기준으로 계산하면 국민 1인당 국방, 소방관, 경찰, 법원, 행정, 보건, 복지 등 전체 공무원에게 가는 세금이 연간 80만 원, 월 66,000원 수준이다. 그렇다면 지금 나를 응대하고 있는 이 공무원에게는 내가 얼마의 세금을 주고 있는 것일까? 80만 원을 135만 명으로 나누면 연간 0.59원이다. 여기에 법인세 18%를 차감하면 0.48원이 된다. 단순하게 생각했을 때 내가 공무원 1인에게 주는 세금이 하루도 한 달도 아닌 연간 약 0.48원 수준이었다.

웃자고 제작된 영상이지만, 전국 168만 명 공무원의 심정을 대변한 영상이라는 생각이 든다. 오죽했으면 이런 영상이 제작되었을까? 실제 영상에 달린 댓글들도 '속이 후련하다'라는 말들이 많았다.

나 또한 이런 이야기를 정말 많이 들었다. 술에 취한 주취자가 순찰 중이던 순찰차를 세웠다. 택시가 잡히지 않으니 집에까지 태워달라는 것이다. 순찰 업무 중이며 순찰차를 개인적 용도로 사용할 수 없다고 정중히 안내했다. 한겨울의 바람이 너무 매서우니 근처 택시정류장까지 모셔다드리겠다고 말씀드렸다. 그러나 돌아오는 말은 "내가 내는 세금으로 먹고사는 것들이 말이 많아. 너 죽고 싶어? 내가 어디 멀리 가재? 땅끝마을 가자는 것도 아니고, 같은 지역 안에 있는 집에 좀 데려다 달라는데 무슨 말이 그렇게 많아!"

이런 말을 들을 때마다 가슴이 답답하다. 물론 공무원은 국가의 녹을 먹는 직업이다. 그렇기에 국민을 위한 업무를 처리한다. 공무원은 자신의 노동에 대한 정당한 대가인 월급을 받는다. 다만 사기업이 아닌 국가 정부, 지자체에 고용되어 국가로부터 월급을 받기에 공공행정 서비스를 담당하고 있다.

"너 같은 것들 때문에 내가 세금 내는 게 아까워. 내가 낸 세금으로 이 정도도 해달라고 못 해?"

처음 이런 말을 들었을 때는 너무 황당하고 속상했다. 어떤 사람은 순찰차를 발로 차고 창문을 두드리며 쫓아오기도 했다. 놀라 심장이 두근거렸다. '내가 무슨 잘못을 저질러서 이런 말을 들어야 하나?' 하는 생각도 들었다. 그러고 보면 나도 똑같이 세금을 내는 국민인데 말이다.

입에 담지 못할 욕설도 부지기수로 듣는다. 시비가 있거나 폭행 신고가 있는 경우 또는 주취자 신고의 경우 현장에서 화살이 경찰에게로 돌아오는 경우가 많다. 사소한 꼬투리라도 잡아서 경찰에게 시비를 걸고 욕을 한다. 말의 시작과 끝이 모두 욕설이지만, 우리는 꼬박꼬박 "선생님, 어르신, 민원인분"이라고 부른다. 본인은 삿대질하며 반말과 욕설로 경찰을 대하다가도 우리가 호칭이라도 생략하면 반말하는 거냐며 화를 낸다. 이럴 때면, 나는 이것이 갑질이 아닌가 하는 생각이 든다. 갑질을 혐오하는 사회이면서 경찰에게는 아랫사람 대하듯이 함부로 대하고 갑질을 하려 든다. 쏠쏠한 현실이다.

술 취한 민원인이 화가 많이 나서서 지구대를 찾아오셨다. 얼마 전에 현행범으로 체포된 사건에 대해서 체포한 경찰관에게 할 말이 있다고 했다. 민원인의 자초지종을 들었다. 사건 처리 부분에 대해서 형사과에 사건이 인계되었음을 안내해드리고,

직원의 불만족스러운 태도나 업무처리에 대해서 민원을 제기할 수 있는 방법을 안내해드렸다. 1시간 가까이 욕을 들어가며 설명을 했다. 다행히 그 민원인께서는 화를 누르셨다. 술을 한잔하다 보니 당시 상황이 억울해서 갑자기 화가 났다고 한다. 그래서 누구에게든 사과를 받아야겠다는 생각에 무작정 지구대를 찾아오셨다고 한다. 나에게 사과를 받아서 기분이 풀렸다면서 욕한 것은 미안하다며 사과를 하고 가셨다. 이 정도면 양반이다.

옆에서 지켜보던 후배들이 묻는다. 어떻게 화 한번 내지 않고 욕을 듣고 있냐고. 그 후배들의 심정이 나도 이해가 간다. 초임 때는 나도 그랬다. 선배님들이 잘못한 것이 아닌데도 주취자나 민원인에게 욕을 듣고 있는 게 이해가 가지 않았다. 속에서 부글부글 울화가 치밀어 올랐다. 그렇다고 민원인에게 큰소리를 내거나 할 수도 없었다. 할 수 있는 말이라고는 고작 "말씀이 지나치시네요. 말씀을 가려서 해주세요. 욕하시면 안 됩니다, 선생님" 정도지만 말이다.

물론 지금도 화가 날 때가 있다. 아니, 많다. 그런데 그 화라는 것은 순간의 감정이다. 상대방이 내게 욕을 한다고 해서 제복입은 경찰관이 욕을 해서는 안 된다. 그건 당연한 일이다. 같이 욕을 한다고 해서 나아질 것은 아무것도 없다. 서로 감정만 더 상할 뿐이다. 그 순간에는 '이 사람은 내게 욕을 하는 것이 아니다'라고 생각하는 것이 마음 편하다는 것을 깨달았다. 이 사람은 다른 특정한 무언가 때문에 화가 난 것이다. 어딘가에 쏟아낼 곳이 필요한데 그 대상이 내가 되었을 뿐이다. 실제로 화를 쏟아낼 곳이 없어서 경찰에게 분풀이할 때도 많다. 순간의 감정

쓰레기통이 필요한 것이다.

예전에 상담원으로 일하던 때가 생각난다. 하루에도 수백 건씩 상담 전화를 받으면, 그중에 절반 이상은 기분이 언짢은 고객이었다. 하긴, 기분이 좋고 이상이 없는데 고객센터에 문의할일이 뭐가 있겠는가. 불편하고 도움이 필요하니 전화를 했을 것이다. 상담원과 연결되는 것도 시간이 걸리고 힘들었는데, 도움을 줄 수 없다는 안내가 나가면 욕이 날아든다. 대면하지 않고전화기로 상담을 하다 보니 욕이 거리낌이 없다. 여자라는 이유로 성희롱하는 말도 많이 들었다.

그에 비하면 얼굴을 마주하고 듣는 욕은 그나마 기분이 덜 나쁘다. 주취자가 하는 말은 '취해서 그러려니' 하고 넘길 수 있다. 화가 많이 난 민원인의 욕설도 '화가 나서 그러려니' 하고 넘긴다. 화도 일정 부분 쏟아내야 잠잠해질 수 있다. 현장에서 끊임없이 욕먹으면서도 화 한번 내지 않고 민원인을 다독이는 것을지켜보던 시민분께서 "콜센터급 서비스 마인드를 장착해야 하는 극한 직업이 경찰"이라고 표현했다. 그 말이 딱 맞다. 나는경찰이 서비스 직업이라고 생각한다. 나라에서 제공하는 공공재 서비스 직업 말이다.

대한민국 헌법 제1조 제1항에서 '대한민국은 민주공화국이다'라고 규정한다. 제2항에는 '대한민국의 주권은 국민에게 있고 모든 권력은 국민으로부터 나온다'라고 적혀 있다. 민주주의 국가에서는 인간의 존엄성을 바탕으로 개인의 자유와 권리를 보장한다. 여기서 잊지 말아야 할 것이 하나 있다. '나의 자유는 타인의 자유를 침해하지 않는 데까지'라는 것이다.

알버트 아인슈타인(Albert Einstein)이 말했다. "모든 인간은 개인으로서 존중받아야 한다"라고. 경찰도 사람이다. 경찰을 가리켜 제복 입은 시민이라고 한다. 경찰이기 이전에 대한민국의 국민이다. 개인의 존중을 지켜주기 위해 존중받지 못하고 있는 경찰과 공무원들이 있다는 것을 한 번쯤은 생각해줬으면 하는 바람이다.

08

공공의 적,
그대 이름은 주취자

매일 반복되는 지구대·파출소의 일상적 업무는 강·절도 등 범죄예방과 진압을 위한 순찰이 주를 이룬다. 그런데 지구대 업무의 60% 이상이 주취자 처리일 정도로 많아지다 보니, 본연의 업무인 범죄예방 순찰 업무가 제대로 이뤄지지 않을 때가 많다.

최근에는 코로나19로 인한 사회적 거리두기 시행 및 영업시간 제한으로 인해 주취자들의 신고가 조금 주춤했다. 추운 날씨 탓도 있었다. 날씨가 따뜻해지면 거리로 나오는 주취자들이 많아진다. 술로 인해 제2의 범죄로 이어지는 위험한 순간도 발생할 수 있다.

"CODE 2(코드 투), 주취자가 도로와 인도 사이에서 위험하게 자고 있다."

오늘도 어김없이 주취자 신고가 떨어진다. 때와 장소를 불문한다.

지구대·파출소에 접수되는 신고 접수는 5종류의 분류 코드
가 있다.

1. **CODE 0(코드 제로)** : (최단 시간 내 출동) 코드 원 중에 이동범죄, 강력범죄 현
   행범 등의 경우 선지령 및 제반 출동 요소를 공조하며 출동

2. **CODE 1(코드 원)** : (최단 시간 내 출동) 생명, 신체에 대한 위험이 임박하거나
   진행 중 또는 위험이 직후인 경우 또는 현행범인 경우

3. **CODE 2(코드 투)** : (긴급신고, 지장 없는 범위 내 될 수 있으면 신속 출동) 생명,
   신체에 대한 잠재적 위험이 있는 경우 또는 범죄예방 등을 위해 필요한 경우

4. **CODE 3(코드 쓰리)** : (당일 근무시간 내) '며칠 전에 폭행을 당해 병원치료 중
   인 경우' 등 수사나 상담이 필요한 경우

5. **CODE 4(코드 포)** : (다른 기관 인계) 긴급성이 없는 민원 상담 신고로 접수 구
   분해서 처리

취객이 쓰러져 있다는 신고를 받고 현장에 출동한 경우 다행
히 신원이 확인되고 핸드폰을 소지하고 있으면 가족에게 연락
해줄 수 있어서 일 처리가 수월하다. 반면 길에 쓰러진 취객 중
80% 이상이 인적사항을 파악할 수 없을 정도로 인사불성으로
취해 있고 신분증도 없다. 아무리 흔들어 깨워도 '나 몰라라' 하
는 식이다. 그럴 경우는 가족을 찾기도 힘들고 주소도 파악이 되
지 않아서 일 처리에 애를 먹는다.

상습적으로 길에 쓰러져 있는 만취한 취객에 대해 인적사항
을 알아보면 대부분 알코올중독자들이다. 119구급대에 도움을
요청하면 단순주취자라 병원으로의 후송을 거부하는 경우도 많

다. '119구조·구급에 관한 법률 시행령'에 보면 단순 주취자에 대해 이송을 거부할 수는 있으나 이 경우 구급 대원은 구급 대상 자의 병력, 증상, 주변 상황을 종합적으로 평가해 구급 대상자의 응급 여부를 판단해야 한다'라고 명시되어 있다. 그런데도 어떤 구급 대원들은 영하의 추운 날씨인데도 취객이 병원으로의 이송을 거부한다는 이유로 주변 상황이나 병력 등을 고려하지 않은 채 자신들의 업무가 아니라며 외면해버린다.

병원 응급실도 사정은 크게 다르지 않다. 취객을 순찰차에 태워 응급실에 가면 "이런 사람들은 술에 취한 사람이고 무연고자이니 구청에 데리고 가라" 또는 "가족과 연락을 취해 놓으시던가 진료비를 내겠다는 확답을 받고 가시라"라며 응급환자에 대한 적극적인 진료를 해주지 않는 경우가 있다. 일부 119구급 대원이나 병원 응급실에서는 주취자의 이유 없는 난동과 시끄러운 소란행위가 힘들어 이송을 거부하거나 진료를 기피하는 경우도 간혹 있다. 그들의 사정을 이해하지 못하는 것은 아니지만, 중간에서 곤란할 때가 한두 번이 아니다.

주취자 1명에 얽매이는 동안에도 경찰의 도움을 요청하는 신고는 계속 접수된다. 한쪽에서는 다급한 폭행 사건이 벌어지고 있는데도 우리는 주취자에 발이 묶여 있을 때면 답답하기 그지 없다. 그렇다고 잠재적 피해자를 길거리에 방치한 채 자리를 떠날 수도 없는 노릇이다.

경찰도 범죄 피해를 예방하기 위해 쓰러진 취객에 대한 신고 출동을 신속히 처리해야 하나 앞서 언급했듯이 길에 쓰러진 주취자들 대부분이 알코올 과다복용자나 알코올중독자다. 그렇기에 119구급대와 응급의료기관 등에서 경찰과 힘을 합해 도움을 주고 처리해준다면, 경찰 본연의 업무인 범죄예방과 강·폭력 신고처리에 집중해 국민에게 양질의 경찰 서비스를 제공해줄 수 있지 않을까 하는 아쉬움이 든다.

이를 위해 현재 우리나라는 전국 6개 시·도에서 주취자 응급센터 제도가 시행 중이다. 범죄의 표적이 되거나 안전사고를 당할 우려가 있는 만취자를 병원으로 인계해 보호하는 제도로 2011년 10월 서울청에서부터 시작된 제도다. 술에 취해 의식을 잃어 보호자를 찾을 수 없거나 경찰 업무를 마비시킬 정도로 통제가 어려운 사람이 대상이다. 2017년까지는 서울에만 여섯 군데 병원에서 시행되었다. 2021년 기준 서울 6개, 경기남부 2개, 인천 1개, 대구 1개, 울산 1개, 전북 1개, 제주 2개 센터로 전국에 '주취자 응급의료센터'는 14개소뿐이다.

주취자가 일으키는 '주폭' 등의 행위가 대한민국의 사회적 문제가 된 것은 오래된 일이다. 그런데도 17개의 시·도 중에 겨우 6개의 시·도에서만 주취자 응급의료센터가 설치되어 있다. 주취자 응급의료센터가 전국적으로 확대되어야 할 것이다.

또한, 앞으로는 주취자 응급의료센터가 주취자가 술 깰 때까지 단순 보호소 기능을 하는 것만이 아닌, 알코올의존증 치료나 음주습관을 함께 개선할 수 있는 부가적인 기능도 갖춰야 할 것이다. 센터가 없는 시·도에서는 하루빨리 지역 병원과 협력해 주취자 응급의료센터를 설치하고 주취자 문제를 해결할 수 있는 사회적 시스템을 마련해나가야 한다.

주취자들은 범죄의 표적이 되기도 하고, 안전사고에 쉽게 노출되기에 특별한 관심을 갖고 대응을 하다 보니 경찰력 낭비가 매우 심각한 수준에 이르렀다. 경찰력 낭비를 해소하기 위해서는 경찰은 치안과 지역민 보호에, 센터는 주취자 보호와 관리라는 각자의 역할에 집중할 수 있는 시스템이 잘 갖춰줘야 할 것이다.

주취자에 대한 '응급 입원' 제도라는 것이 있다. 정신보건법 및 동법 시행규칙은, 입원치료가 필요한 정신질환자는 항상 자발적 입원이 권장되어야 한다고 원칙을 정하고 있지만, 필요한 경우에는 몇 가지 예외를 정해 강제 입원이 가능하도록 하고 있다. 그 사유 중 하나로 '응급인원' 제도가 있다.

응급인원 제도는 정신질환자로 추정되는 자가 '자신 또는 타인을 해할 위험이 크다'라면 의사와 경찰관의 동의만으로 72시간 범위에서 강제 입원을 시키는 방법이다. 자·타해의 위험성이 심각한 주취자의 경우에 이 조항을 활용해 입원할 수 있다.

정신보건법에 따르면 술에 취해 폭력적인 행동을 하는, 이른바 '주폭'을 통제하기 어려운 상황이라면 경찰과 의사의 판단하에 환자를 강제로 격리해 응급 입원시키고 강박을 하는 것이 허용되는 것으로 해석된다. 습관적으로 술을 마시고 주변 사람들에게 피해를 주는 주취 범죄자들에 대한 사회적 비난이 커져 가는 가운데, 통제하기 어려운 자들을 억제하기 위한 경찰행정의 하나의 옵션이라 생각할 수 있다.

다만 강제적으로 자유를 박탈하게 되다 보니 요건을 엄격히 따져 본다. 단순히 심하게 난동을 부린다고 해서 강제 입원의 대상이 되는 것은 아니다. 또한, 실제 현장에서 응급 입원을 행하자면 해당 병원과 공조가 되어야 한다. 각 시·도별로 응급 입원이 가능한 병원이 지정되어 있다. 병상이 확보되지 않는다면 아무리 급박한 상황이라 할지라도 응급 입원은 불가하다. 또한, 대상자가 기저질환 및 앓고 있는 질환이 있는 경우에도 병원에서는 응급 입원을 거부하는 것이 현실이다. 그렇다 보니 현장 상황은 매우 급박한데도 병상이 확보되지 않아 길거리에서 시간을 버리는 경우가 허다하다. 그럴 때마다 가슴이 답답하고, 행정 현실의 벽에 탄식하게 된다. 17층에서 뛰어내리려고 하고, 혀를 깨물어 자해를 시도한 환자가 앓고 있는 병이 있다는 이유만으로 새벽 3시에 응급 입원을 거부하면 현장의 경찰관들은 어떻게 하라는 것일까. 알코올중독자 중에 앓고 있는 질환이 하나 이상 없는 이들이 과연 어디 있단 말인가?

우리나라는 예부터 심신미약자에 대한 형벌이 관대하다는 평을 받고 있다. 심신미약자란, 시비를 변별하고 또 그 변별 때문에 행동하는 능력이 상당히 감퇴한 상태를 의미한다. 신경쇠약 등에 의한 일시적인 것과 알코올중독·노쇠 등에 의한 계속적인 것도 포함된다. 이미 주취자에 의한 주폭이 사회적 문제로 대두된 지는 너무 오래되었다. 이제는 심신미약자 및 주취자의 처벌에 대해 좀 더 엄중한 잣대가 필요한 때다. 주취자로 인해 경찰력을 낭비하지 않아야 한다. 우리 경찰력은 더욱 시급하고 보다 위험한 곳에 집중되어야 한다.

3장

젊은 경찰관이여,
조국은 그대를 믿노라

도로 위의
무법자들

경찰청에서 발표한 통계자료에 따르면, 2016년부터 2021년까지 지난 5년간 교통사고 사망자 수가 32.4% 감소해 연평균 7.5%가 줄었다고 한다. 특히, 2021년은 처음으로 한 해 교통사고 사망자 수가 2,000명대로 진입했다고 한다. 이 말은 2020년까지는 한 해 교통사고 사망자 수가 3,000명이 넘었다는 이야기다. 생각보다 너무 큰 숫자에 말문이 막힌다.

도로교통법

제44조(술에 취한 상태에서의 운전 금지)
② 경찰공무원은 교통의 안전과 위험방지를 위하여 필요하다고 인정하거나 제1항을 위반하여 술에 취한 상태에서 자동차 등, 노면전차 또는 자전거를 운전하였다고 인정할 만한 상당한 이유가 있는 경우에는 운전자가 술에 취하였는지를 호흡조사로 측정할 수 있다. 이 경우 운전자는 경찰공무원의 측정에 응하여야 한다.

제148조의 2(벌칙)

② 술에 취한 상태에 있다고 인정할 만한 상당한 이유가 있는 사람으로서 제44조 제2항에 따른 경찰공무원의 측정에 응하지 아니하는 사람(자동차 등 또는 노면전차를 운전하는 사람으로 한정한다)은 1년 이상 5년 이하의 징역이나 500만 원 이상 2천만 원 이하의 벌금에 처한다.

오늘도 지구대에는 코드 제로 사건이 접수된다. 아니나 다를까, 음주운전이 의심되는 차량이 있다는 신고 내용이다. 음주 의심 차량은 검거도 쉽지 않지만, 검거해서 측정에 응하기까지에도 시간이 한참 걸린다. 음주운전에 적발된 이들 가운데 10명 중의 9명이 하는 말이 있다.

"저 음주운전 오늘이 처음이에요. 한 번만 봐줘요. 가족이 알면 저 죽어요."

음주운전은 실수가 아니다. 오죽하면 음주운전을 가리켜 살인미수라고까지 할까. 음주운전으로 적발된 운전자들이 죄를 뉘우치는 모습을 본 적은 거의 없다. 대부분 '재수 없어서 걸렸다'라는 뉘앙스를 풍긴다.

간혹 "음주운전 한 번 한 게 뭐 그리 큰 범죄라고 경찰이 이렇게 우르르 몰려와? 대한민국 경찰이 할 일이 그렇게 없어?"라며 적반하장으로 큰소리를 떵떵 치는 사람이 있다. 면허취소 수치에 운전해서 온 시간만 해도 1시간이 넘고, 음주운전으로 인한 전과가 있는데도 본인의 죄를 전혀 뉘우칠 줄 모른다. 음주운전은 운전자 자신뿐만이 아닌 타인의 무고한 목숨까지 앗아갈 수 있는 아주 중한 범죄다. 제발 모든 국민이 음주운전에 대해 경각심을 가졌으면 좋겠다.

음주운전으로 적발될 경우 경찰관의 음주측정 요구에 응하시 않는 분들이 종종 계신다. "내가 술 마셨다는 증거 있어? 증거 있냐고! 난 음주 안 했어. 음주도 안 했는데 내가 왜 측정해. 안 해!"라며 측정에 불응한다.

음주운전의 경우 음주로 인한 사고가 아닌 단순 음주라면 혈 중알코올농도와 음주운전 위반 전력에 따라 차등해서 1년 이하 의 징역이나 500만 원 이하의 벌금에 처한다. 혈중알코올농도가 낮고 단순 음주라면 100일간 면허가 정지되고, 초범이라면 벌금 형을 선고받는 경우가 대부분이다.

이에 반해 음주측정거부는 음주운전 처벌 중에서도 불법성이 가장 큰 유형인 음주운전 3회 이상 또는 혈중알코올농도 0.2% 이상의 주취운전죄와 같은 법정형인 1년 이상 5년 이하의 징역 이나 500만 원 이상 2,000만 원 이하의 벌금에 처하고, 1회여 도 행정처분으로 1년간의 면허취소에 초범이어도 집행유예를 선고받을 가능성이 크다. 음주측정거부는 공무집행방해여서 단 순 음주운전보다 무거운 처벌을 선고받을 가능성이 큰 것이다.

경찰이 음주운전 의심자에게 음주측정을 요구했는데, 이에 응 하지 않으면 음주측정거부죄 혐의를 입게 된다. 본인은 음주운 전을 하지 않았기 때문에 처벌받지 않을 것으로 생각하는데, 음 주측정거부죄는 음주운전 여부와 관계없이 경찰공무원의 음주 측정 요구를 거절한다면 음주측정거부로 처벌받을 수 있다.

음주측정거부죄는 음주운전 중 가장 혈중알코올농도가 높은 구간으로 간주해서 처벌하니, 일단 경찰관의 지시에 따라 음주측정에 응하고, 이후 경찰 조사에서 정말 음주운전하지 않았다는 증거를 소명하고 해명하는 것이 낫다. 앞서 말했듯이 경찰은 이유 없이 달리는 차량을 정차시켜 음주측정을 요구하지는 않는다. 법 조항에도 있듯이 교통의 안전과 위험방지를 위해서 필요하다고 인정하거나 술에 취한 상태에서 자동차 등을 운전했다고 인정할 만한 타당한 이유가 있는 경우에 음주측정을 요구하는 것이다.

음주 의심 신고를 받아 차량을 검거해보면, 간혹 음주운전이 아닐 때도 있다. 신고자는 운전자가 "차선도 제대로 지키지 않고 비틀대며 운전을 하는 것이 음주운전이 의심된다"라고 했는데, 음주상태가 아닌 것이다. 운전자에게 차선을 제대로 지키지 못한 이유에 관해 물어보면 대부분 '운전미숙'이라는 핑계를 댄다.

운행 중에 보면 차선을 제대로 지키지 않고, 신호등이 파란불로 바뀌었는데도 출발하지 않는 차들이 있다. 주위에서 자동차 경적을 울리면 그제야 정신을 차리고 주행을 한다. 이런 경우 운전자가 음주운전이 아니라면 99%가 운행 중에 핸드폰을 사용하고 있다. 운전 중에 핸드폰을 사용하는 행위는 눈을 감고 운행하는 것과 같이 위험하다.

도로교통법
제49조(모든 운전자의 준수사항 등)
① 모든 차 또는 노면전차의 운전자는 다음 각 호의 사항을 지켜야 한다.
10. 운전자는 자동차 등 또는 노면전차의 운전 중에는 휴대용 전화(자동차용 전화를 포함한다)를 사용하지 아니할 것.

모든 운전자는 법에서 정하는 예외 규정을 제외하고는 운행 중 핸드폰 사용이 금지된다. 이 규정을 위반해서 적발될 경우 오토바이는 4만 원, 승용차는 6만 원의 범칙금이 부과되며 벌점 15점이 부과된다. 만약 교통사고로 이어진다면 과실이 더 높게 적용될 수밖에 없다.

음주운전이나 졸음운전, 약물운전과 같은 행위를 금지하는 이유는, 운전자가 운전할 때 평소보다 행동능력과 집중력이 현저히 떨어지고 판단능력이 저하되어 교통사고의 위험성이 매우 매우 증가하기 때문이다. 운전자 대부분이 주행 중 핸드폰 사용이 위험한 행위라고 인식은 하고 있다. 그런데도 운전 중에 핸드폰 사용이 빈번하게 일어나고 있는 실정이다. 습관적으로 아무렇지 않게 운전석에서 핸드폰을 사용하게 된다는 것이다. 음주운전만이 위험한 행동이 아니다. 음주운전만큼이나 주행 중 핸드폰 사용도 명백히 잘못된 습관에 해당한다. 단 한 번 핸드폰 화면에 한눈을 파는 것만으로도 교통사고가 발생할 수 있으며, 실제로 교통사고로 사망한 사건 중 절반 이상이 안전운전 의무 불이행으로 안타깝게 목숨을 잃는 실정이다.

도로는 언제나 사고 위험이 존재한다. 본인이 아무리 조심하고 운전을 잘한다고 해도, 다른 요인으로 인해 사고가 발생할 수 있기 때문이다. 그러므로 운전자는 항상 차량 흐름을 주시하고, 언제 어디서 어떻게 발생할지 모르는 사고의 위험을 예방하면서 방어운전을 해야 한다. 그런데 얼마나 주의를 기울여야 할까?

'신뢰의 원칙'이라는 것이 있다. 이는 도로교통법 관련 형법상의 법리를 말한다. 즉, 운전자가 교통법규를 준수하는 만큼, 다른 운전자도 교통법규를 준수할 것이라고 신뢰한다는 의미다. 이는 다른 사람이 상식 밖의 행동이나 비이성적으로 교통법규를 위반하는 것까지 미리 감안해서 방어운전이나 조치할 의무는 없다는 것이다.

나는 2021년 10월경, 교통사고로 외할머니를 잃었다. 통행량이 적은 이른 아침, 전동 휠체어를 타고 일터에 가시던 외할머니는 중앙선을 침범해서 역주행하는 차량과의 사고로 돌아가셨다. 평소와 다를 것 없이 엄마에게서 전화가 걸려온 것일 뿐인데도, 걸려오는 전화벨부터 싸한 느낌이 들었다. 전화를 받은 내게 떨리는 목소리로 전하던 엄마의 말이 선연히 기억이 난다. "하야, 할매가 돌아가셨다"라고 말씀하시며 아이처럼 엉엉 울던 엄마. 실감이 나지 않았다.

외할머니는 슬하에 자식을 넷이나 두셨지만, 혼자 생활할 수 있다며 자식들과의 생활을 마다하셨다. 외할아버지가 돌아가신 후 8년을 혼자 지내셨다. 노인 일자리에서 연세 비슷한 할머니들과 고추 꼭지 따고 수다 떨며 돈 버는 재미가 쏠쏠하다고 하셨다. 연세가 있다 보니 지팡이를 짚고 다니셨지만 그래도 서울, 천안에 계시는 외삼촌들을 만나러 안동에서 홀로 버스와 기차를 타며 먼 거리도 다니시던 정정한 80대 할머니셨다. 그런 할머니가 전동 휠체어를 타고 자신의 차선을 주행 중에, 중앙선을 침범해서 역주행하는 차량에 치여 황망히 돌아가신 것이다. 상대방 차량이 자신의 차선을 지키기만 했어도 일어나지 않았을 사고다. 속도만 줄였어도 외할머니의 목숨을 앗아갈 사고까지 가지는 않았을 것이다. '속도를 줄이면 사람이 보입니다'라는 경찰청의 홍보 멘트를 보며 이렇게 각색해본다. '속도를 줄.여.야. 사람이 보입니다'.

우리가 생각하는 옳지 못한 운전자들의 행태에는 대표적으로 음주운전, 졸음운전, 약물운전, 과속 등이 있다. 하지만 이뿐만이 아니다. 신뢰의 원칙에 위반되는 모든 운전 행위는 옳지 않다. 도로 위에 차선이 그려진 데에는 이유가 있다. 신호·지시위반, 속도제한 등 각종 규제가 있는 것도 다 필요해서 있는 것이다. 지시를 따르고, 자신의 차선을 지키며, 속도를 준수하고, 신뢰의 원칙에 따라 운전자 개개인이 모두 교통법규를 준수해야만 사고 위험성을 줄일 수 있다.

나는 고등학교 3학년 수능시험을 치고 나서 1종 보통 운전면허증을 취득했다. 당시에는 수능시험을 치고 난 후에 면허를 취득하는 것이 유행이었다. 면허를 취득하고 아빠와 함께 도로주행에 나섰을 때부터 지금까지 아빠가 항상 하시는 말씀이 있다. "운전할 때는 무조건 자기 차선을 지키고, 규정 속도를 지켜야 한다." 그것만이 나를 지킬 수 있고, 상대방을 지킬 수 있다는 것이다.

2021년 말경에 경찰청에서 제작한 교통사고 사망자 감소를 위한 공익광고에 다음과 같은 멘트가 나온다.

"교통사고로 [죽어도] 괜찮은 숫자는 없습니다. 도로 위 안전 지킴이가 되어 가족의 안전을 지켜주세요."

너무도 분명하고 당연한 말이다. 다쳐도 되는 사람, 사라져도 되는 목숨은 없다. 교통사고의 피해자는 내 가족이 될 수도 있다. 도로 위의 모두가 안전하게 이동의 자유를 누리는 그날을 기대한다.

경찰에게도
직업병이 있을까?

우리는 흔히 직업병을 앓고 있다는 말을 많이 한다. 직업병이란 무엇일까? 직업병이란 어떤 특정직업에 종사함으로써 근로조건이 원인이 되어 일어나는 질환을 의미한다. 그렇다면 경찰에게도 직업병이 있을까?

신림지구대에서 뵌 머리가 새하얗던 백발의 주임님이 생각난다. 우리 외갓집도 백발이 유전이어서 엄마도 50대부터 반 백발이셨는데, 그 주임님은 내가 본 사람 중에 가장 백발에 가까우셨다. 검은 머리를 거의 찾아볼 수 없었다. 백발이니 당연히 연세가 많으실 테고, 퇴직을 앞두신 선배님이시라고 생각했다. 그런데 자녀들이 이제 초등학생이라는 것이다. 주변의 선배님들께서 말씀하시길 그 주임님의 나이는 이제 40대 초반이라는 것이었다. 충격이었다. 40대 초반에 머리가 이토록 새하얘질 수 있는 것일까?

그 주임님께서 해주신 말씀이 있다. "밤을 새우는 게 일이잖아. 밤을 새우는 게 힘든 데다 업무 스트레스에 공부까지 하니까 탈모가 오던가, 머리가 하얗게 세 버리더라고. 너도 관리 잘해." 웃자고 한 소리가 아니었다. 유전적인 요소도 있겠지만 야간근무를 오래 해오셨던 선배님들은 대부분 탈모가 있거나 반백발의 머리였다. 물론 아닌 분들도 계셨지만 많은 분이 그랬다. 눈앞의 현실이 그렇다 보니 나도 걱정이 되기 시작했다. 왜냐하면 우리 집은 엄마 쪽은 백발이 유전이고, 아빠 쪽은 탈모가 유전이기 때문이다.

나는 어릴 적 머리숱이 많기로 유명했다. 그런 나였는데도 이어지는 야간근무와 2번의 출산 이후에 머리숱이 현저히 줄어들었다. 지금은 예전 머리숱의 반의반도 안 남았다. 오죽하면 예전 주임님이 나를 보더니 "선하 머리에 소갈머리가 하나도 없네"라고 하시는 것이 아닌가. 충격적이었지만 현실이었다. 이제 내 머리도 관리하지 않으면 언제 탈모가 올지 모른다. 올 거면 하나만 올 것이지, 40대를 앞둔 지금은 흰머리도 너무 많이 생겼다. 백발과 탈모가 같이 오는 불상사만은 막고 싶다. 이제는 꾸준한 관리만이 답이다.

경찰이 겪는 직업병 중에 하나로 허리요통과 관절질환을 들 수 있다. 경찰은 외근업무 수행 시 휴대해야 하는 장비들이 있다. 권총이나 테이저건 또는 가스총 중 1정의 총기와 무전기, 수갑, 삼단봉을 기본으로 가지고 다닌다. 이 외에도 호루라기, 장갑, 조회기, 수첩, 업무용 핸드폰, 개인 핸드폰, 차 열쇠 등도 필요하다. 개인용 핸드폰, 조끼 등을 제외한 장비들의 무게만 따져도 2.7kg이다. 여기에 장비를 착용하기 위한 조끼까지 착용하고 개인용 핸드폰 등을 소지하면 그 무게가 3~4kg에 달한다. 경찰은 10시간이 넘는 업무시간 내내 몸에 4kg에 육박하는 조끼를 입고 근무하는 것이다.

예전에는 허리띠에 권총과 수갑 등 모든 장비를 소지하고 다녔다. 그러다 보니 허리와 골반에 부담이 너무 많이 가서 요통에 시달리는 직원들이 많았고, 현재는 허리띠 대신 조끼에 장비들을 착용한다. 그렇다고 상황이 나아진 것은 아니다. 허리에 가던 무게가 어깨와 허리로 분산된 것뿐이다. 순찰 업무를 하게 되면 장시간 순찰차에 앉아서 근무하게 된다. 무거운 장비를 차고 같은 자세로 장시간 운전을 하다 보면 허리와 어깨 쪽에 부담이 많이 가서 허리통증이 생기고, 젊은 나이에 퇴행성 디스크가 생기기도 한다.

경찰 업무는 교대근무를 기본으로 한다. 지구대·파출소는 물론이거니와 경찰서의 여러 부서에서도 교대업무를 한다. 민원실 등 몇 개의 부서만 9시부터 18시까지 일반 회사처럼 주간근무를 한다. 주간근무만 하는 부서에서도 한 달에 한두 번 정도는 야간에 당직근무를 하게 된다.

교대근무는 장단점이 모두 있다. 장점으로는 개인적인 업무를 보기 유용하다는 것이다. 평일, 주말 상관없이 교대근무 패턴에 맞게 휴일이 결정되기에 평일에 쉬는 날이 많아서 은행이나 관공서 업무를 보기 편하다. 야간근무 출근 전에 업무를 보고 출근할 수도 있다. 최근 2년간은 코시국으로 여행이 힘들었지만, 여행을 다니기가 좋다. 주간과 야간근무 이틀을 빼지면 비번, 휴무까지 포함해 최장 6일을 쉴 수 있기 때문이다. 또한, 여가를 이용해 운동 및 자기계발을 할 수 있다.

단점으로는 사적인 친목 모임이 어려워진다는 점, 무너지는 생활방식, 건강 악화 등을 들 수 있다. 교대근무를 하면 주말에 쉴 수 있는 날이 많지 않다. 그래서 지인들과 친목 모임 날짜를 맞추기가 힘들다. 그래도 아주 어려운 정도는 아니다. 마음만 먹는다면 쉬는 날을 맞춰서라도 만날 수 있다. 하지만 무너지는 생활방식과 건강 악화에 대해서는 진지하게 생각해봐야 한다.

지구대마다 근무시간이 조금씩 다르긴 하지만, 현재 내가 근무하는 지구대는 17시 30분부터 다음 날 7시 30분까지 14시간 동안 야간근무를 한다. 다른 지구대도 대개 12~14시간 정도 야간근무를 한다. 중간에 3시간 정도는 '대기근무'라고 해서 숙직실에서 쉴 수 있는 시간이 있다. 항상 일정한 시간에 쉬는 것은 아니고, 그날그날 근무표에 따라 대기시간이 달라진다. 근무표에 따라 21시~0시까지 쉴 수도 있고, 새벽 0시~3시, 3시~6시까지 쉴 수 있다. 누군가는 대기시간도 있으니 편히 쉴 수도 있고 좋겠다고 하지만, 지구대 업무 특성상 주취자들이나 현행범으로 체포되어 온 이들의 고성방가 소리가 고스란히 들리기에 마음 편히 쉬지는 못한다. 또한, 대기시간이 있다 하더라도 사람의 몸은 밤에 잠을 자도록 설계되어 있어서 아침에 퇴근 후에도 굉장히 피곤하다.

그리고 '주야비휴(주간, 야간, 비번, 휴무의 줄임 말)' 중 비번 날에 야간자원근무를 하기도 한다. 다른 팀의 야간근무자가 휴가를 가게 되거나 근무 인원이 부족하게 되면 최소 근무 인원수를 맞추기 위해 야간자원근무를 하게 된다. 인력난에 시달리는 지구대는 치안 수요가 급증하는 주말 저녁에는 자원근무 인력이 필수적이다. 어쨌든 이런 야간자원근무를 하게 되면 주간, 야간, 야간 비번의 근무를 하게 되어 하루를 쉬고, 다음 날 새벽 일찍 다시 주간 출근을 해야 한다. 근무 패턴이 이렇다 보니 만성피로에 시달리는 직원들도 많다.

기본 근무를 놓고 볼 때 야간근무를 퇴근하고 비번 날도 쉬고 휴무 날도 쉬니까 쉬는 날이 대단히 많다고 부럽다고 하는 이들도 있다. 그런데 14시간의 야간근무를 해보면 느끼겠지만, 야간근무를 퇴근하고 온 날은 쉬는 게 쉬는 것이 아니다. 밤새 근무를 한 뒤 퇴근하고 몇 시간 자고 일어나더라도 온종일 머리가 무겁거나 멍하다. 물먹은 솜처럼 몸이 축축 처지고, 기력이 없다. 휴무 날이 되어서야 원래의 컨디션으로 돌아온다. 개개인이 자신의 건강과 체력을 잘 챙겨야 한다.

2012년 〈여성신문〉에서는 '밤 근무 계속하면 암 걸린다'라는 제목의 기사를 게재했다. '아침 되면 멘붕, 사고 걱정. 불임·유산 겪는 여성 많아. 14년 교대근무 시 심근경색 발병률 2배 높아져. 국제암연구소, 야간근무를 발암 요인으로 지정'했다는 것이다. 이 외에도 야간근무 및 교대근무는 과로의 요소로 심뇌혈관질환, 정신질환, 암을 유발한다는 기사를 수시로 접할 수 있다.

실제 내 주변에도 장기간 교대근무를 한 여직원들이 불임이나 유산을 겪는 경우를 여러 번 봤다. 비단 경찰뿐만이 아니다. 사회

필수 요원인 경찰, 소방관, 군인, 의사, 간호사 등은 24시간 깨어 있을 수밖에 없는 직군이다. 이들이 없으면 치안에 공백이 생기고 필수 업무가 마비되어 버린다. 나라를 위해 헌신해야 하지만 그만큼 자신의 몸도 소중히 돌봐야 오랫동안 좋아하는 일을 할 수 있다.

마지막으로 가장 문제가 되는 것이 외상 후 스트레스 장애(PTSD : Post Traumatic Stress Disorder)다. 이는 사람이 전쟁, 고문, 자연재해, 사고 등의 심각한 사건을 경험한 후 그 사건에 공포감을 느끼는 것이다. 사건 후에도 계속된 재경험을 통해 고통을 겪으며 벗어나기 위해 에너지를 소비하게 되는 질환으로, 정상적인 사회 생활에 부정적인 영향을 끼친다.

치안연구소가 2015년 경찰관 649명을 대상으로 조사해본 결과, 경찰공무원의 43.4%가 외상 후 스트레스 장애(이하 PTSD) 경험이 있다고 한다. 10명 중 4명이 PTSD를 호소하는 것이다. 하지만 이는 일부 용역 결과에 기준을 둔 추정치에 불과하다. 전체 경찰관들의 정신건강 상태를 판단하는 조사 시스템이 미비하기 때문이다. 이들의 '정신 외상 요인'을 살펴본 결과, PTSD를 호소하는 직원들은 주로 각종 사건을 처리하는 현장직원들이 대부분이었다. PTSD의 원인으로는 자연사 시신 목격, 시신 수습, 다수 사상자가 난 교통사고 현장출동, 약물과다 복용사건 출동, 동료 부상 등의 원인순으로 나타난다.

동국대학교 경찰행정학과 한국치안행정논집에서 2020년 발행한 학술논문 〈경찰 조직문화와 감정조절능력을 고려한 경찰 스트레스(PTSD)와 자살 생각 간의 관계〉에 따르면, 최근 우리

대한민국 경찰관으로 산다는 것

나라에서 자살로 사망하는 경찰관이 한 해 평균 20명인 것으로 확인된다. 이는 같은 기간 공무상 순직 사망하는 경찰관 수 15명보다 많은 수치다. 경찰 본연의 업무 수행으로 사망하는 경찰관보다 PTSD로 자신의 목숨을 끊는 경찰관이 더 많다는 것이다. 이는 돌발적이고 예측할 수 없는 사건·사고 현장을 목격하는 업무 특수성으로 인해 경찰관이 겪는 정신적 고통과 스트레스가 매우 심각하다는 것을 보여준다.

예전에는 개인이 알아서 병원을 찾아다니며 치료를 받아야만 했기에 PTSD를 앓고 있어도 쉬쉬하기에 바빴다. 현재는 경찰청에서 일선 경찰관들의 정신건강 관리기관인 '마음동행센터'를 설립했다. 살인, 자살 등 각종 사건 사고를 비롯한 정신적 충격이 큰 상황에 자주 노출되는 경찰관들의 PTSD를 상담하고 치유하려는 노력을 펼치고 있다. 하지만 그렇더라도 시설 및 심리치유사들의 수가 현저히 부족한 실정이다. 경찰청에서는 직원들의 정신건강을 위해 지역별로 센터 확충 및 치유사들의 확보가 시급하다.

'야간근무는 생명 단축의 지름길이요. 교대근무는 발암물질'이라는 말을 심심찮게 들을 수 있다. 그런데도 경찰관이라면 응당 교대근무와 야간근무를 받아들여야 한다. 피할 수 없는 현실이지만 개선의 필요성은 충분하다. 경찰청에서는 직원들의 복지와 정신건강을 위해 여러모로 힘써야 할 것이다. 직업병이란 단어를 떠올리지 않을 수 있는 근무 환경이 되길 소망한다. 직업병으로 휴직을 고심하고, PTSD로 우리 곁을 떠나는 직원이 없길 간절히 바란다.

여경이 와줘서
고마워요

사회적으로 가정폭력과 성폭력, 스토킹 범죄가 문제되고 있다. 경찰 내에서도 아동·청소년 및 여성과 성범죄 피해자들에 대해서는 예의주시한다. 언행에 있어서는 더욱 조심한다.

최근 몇 년 사이에 여경의 비율이 많이 증가하면서 지구대는 팀마다 1명 이상의 여경들이 배치되고 있다. 여성 주취자나 가정폭력 현장, 성폭행 사건에 여경의 손길이 많이 필요해졌다. 결코, 좋은 일만은 아니다.

밤 11시경, 한 여성에게서 신고가 접수되었다. 집 근처 계단에 앉아서 친구와 통화를 하고 있는데, 갑자기 누군가 뒤에서 신고자의 입을 틀어막고 끌고 가려는 것을 손을 깨물고 겨우 발버둥을 쳐서 벗어난 후 "불이야!" 하고 소리 질렀단다. 집 근처에 산이 있는 데다 한 번씩 범죄 소식을 접했던 터라, 신고자는 혹시나 자신에게 불상사가 생기면 '살려주세요'가 아닌 '불이야'

라고 소리쳐야겠다고 늘 다짐했단다. 실제로 우리나라는 살려 달라고 소리치는 것보다 '불이야!'라고 소리치는 것이 사람들의 눈길을 살 수 있다. 살려달라는 소리에는 혹시나 범죄에 연루될까 쳐다보길 꺼리는데, '불이야'라는 소리에는 열에 아홉은 돌아본다고 한다. 세상에서 제일 재미있는 것이 불구경과 싸움 구경이라는 말이 있을 정도이지 않은가. 불구경을 위해 1명이라도 창문을 열어보면 납치는 당하지 않으리라고 생각했다고 한다. 그 짧은 시간에 그런 판단을 내렸다는 것이 대단했다. 신고자의 기지가 놀라웠다.

신고자의 집 주변은 우범지역으로 지정된 곳이었다. 우범지역은 술집이 밀집된 유흥가도 있지만, 범죄가 자주 일어나거나 일어날 가능성이 큰 지역 등을 망라하는 단어다. 신고자가 앉아 있던 계단 바로 옆이 산으로 이어지는 곳이었다. 산에는 CCTV도 없고, 치안의 사각지대여서 평소에도 자주 순찰하는 구역이었다. 신고자의 집에 도착했을 때 신고자는 집에서 엄마의 손을 잡고 펑펑 울고 있었다. 출동한 경찰관인 나와 선배님을 보고는 왜 이제야 왔냐며 발길질을 했다.

얼마나 무서웠을까. 그 순간 얼마나 경찰의 도움이 간절했을까. 피해자에게 1분, 1초는 1시간과도 같을 것이다. 그 마음을 다 안다고 말할 수는 없지만, 같은 여성으로서 그 두려운 감정을 충분히 공감할 수 있었다. 이대로 끌려가면 가족을 보지 못하게 될 것이라는 두려움과 절망감까지, 그녀에게서 그 모든 것이 느껴졌다. 가족에게 다시 돌아와 안도의 눈물을 쏟는 신고자에게 늦게 와서 미안하다며 손을 잡고 안아 주었다. 발길질하고 주먹으로 나를 때리던 여성은 잠시 뒤 내 품에 안겨서 그렇게 한참 동안을 울었다.

지구대에 있으면 성(性)과 관련된 다양한 신고가 하루에도 몇 건씩 접수된다. 성과 관련된 신고는 종류를 불문하고 성폭력으로 접수가 된다. 성폭력이란 강간이나, 강제추행뿐만 아니라 언어적 성희롱, 음란성 메시지 및 몰래카메라 등 상대방의 의사에 반해서 가해지는 모든 신체적, 정신적 폭력을 포함한다.

예전에는 대개의 만남이 오프라인에서 이뤄졌지만, 핸드폰 및 인터넷의 발달과 코로나19로 인해 비대면 만남이 증가하면서 오픈채팅으로 인한 만남이 증가했다. 본래 의미의 오픈채팅이란, 서로 모르는 사람들이 특정 주제를 기준으로 모여 콘텐츠를 주고받는 채팅방이다. 좋아하는 주제나 관심 가지는 주제를 가지고 다양한 사람들이 모여서 대화를 나눌 수 있도록 만들어진 것인데, 그 용도를 다르게 사용하는 이들이 있다.

오픈채팅은 상대방의 전화번호를 몰라도 연락할 수 있다. 최근에는 오픈채팅으로 만난 상대와 온라인상에서 몇 번의 대화를 주고받은 뒤 오프라인에서 만나는 경우가 있다. 그런데 이런 만남이 성폭력 사건으로 변하는 경우가 종종 있다. 모르는 사이에 오프라인에서 만나, 어색함을 달래려 마신 술이 과해져서 만취 상태가 되어, 정신을 잃고 일어나 보니 성폭행의 흔적이 있는 것이다. 그런데 이러한 오픈채팅의 성폭력 사건이 미성년자들에게서도 적잖이 일어난다. 오픈채팅은 핸드폰만 있으면 접속할 수 있어서 미성년자인 중고등학생들이 성인과 만날 수도 있는 것이다. 핸드폰 사용 연령이 점점 낮아지고 접속 환경에 대한 제한이 없으므로 어린 학생들이 범죄에 노출될 확률이 높아졌다. 물론 오픈채팅이 생겨나기 전에도 다양한 경로로 사람들은 즉석 만남을 가져왔다. 비단, 즉석만남이 아니더라도 술자리에서의 만남의 끝은 좋지 않게 끝나는 경우를 직업 특성상 많이 볼 수밖에 없다. 이런 사건을 접할 때마다 생면부지(生面不知)의 사람을 만나는 것이기에, 만남에 있어 조금 더 경각심을 가졌으면 좋겠다는 생각이 든다.

다양한 성폭력 사건은 관내에 유흥가가 있는 경우 접수되는 신고량이 더 많다. 신고되는 범죄도 강간, 강제추행, 공연음란, 카메라등이용촬영죄 등 다양하다. 우리나라는 음주공화국이라고 불릴 정도로 사람들이 술을 즐겨 마시고, 많이 마시며, 술에 관해 관대하다. 대부분의 범죄들이 음주 상태에서 벌어진다고 봐도 무방할 정도다. 성폭력 사건도 예외는 아니다.

술집에서 헌팅으로 알게 된 사이에 따로 술자리를 가졌다가 강간 사건이 발생되는 경우도 많다. 이유 없이 안면부지의 사람에게 입에 담지 못할 음담패설을 늘어놓는가 하면, 폭행 또는 협박으로 타인을 추행하기도 한다. 술집의 남녀 공용 화장실에서 볼일을 보는 척하다가 여성이 들어간 용변 칸에 몰래 핸드폰을 집어넣어 동영상을 촬영하는 등 다양한 사건이 발생한다.

아직은 우리나라에서 발생하는 성 관련 사건의 피해자는 99.9%가 여성이다. 성폭력 사건이 접수되면, 코드 제로라는 최우선 출동지령이 떨어지고, 지구대·파출소에서 긴급 출동을 한다.

예전에 이런 기사를 본 적이 있다. 성폭행 피해자가 피해자 조사 과정에서 2차 피해를 본다는 것이다. 여성 피해자가 남성 경찰에게 성폭행 피해 상황을 설명하는 것이 수치스러운 것이다. 경찰관은 업무의 일환으로 감정 없이 들을 수 있다 해도 진술을 하는 피해자의 처지에서는 여간 껄끄러운 것이 아니다. 그렇기에 현장에서 가해자와 피해자를 분리해서 진술을 청취하면서, 피해자의 경우에는 가급적이면 여경이 진술을 청취한다. 여경이 없는 곳에서는 여경의 지원을 요청하기도 한다.

나도 성폭력 사건의 피해자들을 대할 때는 언행에 특히 신경을 쓴다. 정신이 없을 피해자분들이 최대한 수사에 협조해줄 때마다 감사한 마음을 표현하고, 그들의 마음을 어루만져 주려고 노력한다. 큰 상처를 헤집는 것은 아닌지 조심스러울 때조차 여경이라서 괜찮다고 말해주는 그들에게 감사한 마음을 느끼고, 내가 여경이라 다행이라는 생각도 든다. 최대한 피해자들의 상처를 보듬어 주고 싶다.

예전에도 가정폭력은 사회적인 문제로 대두되고 있었다. 그러나 코로나19로 인해 사회적으로 고립되고, 자가격리 및 재택근무, 온라인 원격수업 등으로 가정에서 보내는 시간이 길어지며 가정폭력 사건이 급증했다. '가정폭력범죄의처벌등에관한특례법'을 살펴보면 가정폭력이란, 사실혼과 법률혼 구분 없이 가정 구성원 사이의 신체적, 정신적 또는 재산상 피해를 수반하는 행위를 말한다. 대표적인 것이 폭력 사건이다. 부부 사이의 폭력뿐만이 아닌, 자식에 대한 부모의 폭력, 부모에 대한 자식의 폭력 모두 가정폭력 사건으로 취급된다. 이 외에도 상해, 협박, 강간, 강제추행, 재물손괴 등 가정 안에서 가족 간에 일어나는 사건 대부분을 가정폭력 사건이라고 생각하면 쉽다.

경제력이 있는 쪽이 상대적으로 경제력이 낮거나 없는 쪽에 생활비를 주지 않거나 동의 없이 임의로 재산을 처분하거나 생활비 지출을 일일이 보고하게 하는 행위 등도 경제적인 위협으로 가정폭력에 해당한다. 또한, 예전에는 부부간의 성관계에 대해서는 강간죄가 성립하지 않았지만, 2013년에 강간죄의 객체가 여성에서 사람으로 개념이 확대됨에 따라 이후 대법원 판결에서는 부부간 성폭력 역시 성립한다고 했다. 원하지 않는 성행위를 강요하는 행위 등이 이에 해당한다.

과거에는 가정폭력 사건을 가정 내에서 일어나는 일로 치부했다. 가정의 유지와 평화를 위해 공권력의 개입을 최소화했다. 하지만 이제는 공권력이 개입할 때다. 2020년 한 해에만 '한국여성의전화'에 걸려 온 가정폭력 상담 건수가 1만 5,000여 건이었다. 가정폭력도 엄연한 범죄다. 그런데 피해자들이 이를 인지하지 못하고, 학습된 무기력과 언젠가는 좋아질 것이라는 환상을 가지고 있다.

"지금은 비록 이 사람이 화를 많이 내고 저를 때리기도 하지만 술에서 깨면 한없이 착하고 잘해줘요. 제가 잘 감싸주면 괜찮아질 거예요. 그러면 그 사람이 좋아졌을 때, 저를 더 사랑해주겠죠?"라고 합리화를 시도한다.

가정폭력의 시작은 대부분 '걱정'이라는 명분으로 상대방을 통제하며 시작된다. 그리고 상대방은 그것을 사랑과 관심이라고 느낀다. 문제는 이러한 걱정이나 집착을 아내의 행동에서 비롯되었다고 비난하기 때문에 피해자들은 '밤늦게 귀가해서 남편을 불안하게 만들었다'라며 시작되는 정서적 학대를 인식하지 못하고 받아들이게 되며 점차 고립되어 간다. 의존할 대상이 남편밖에 없어지고, 남편의 의지에 따라서 모든 것을 결정하게 되는 무기력의 학습화가 진행된다.

실제 현장에 출동해서 배우자를 폭행한 남성들의 이야기를 들어보면 "말을 듣지 않아서 때렸다" 또는 "걱정되는 마음에 그랬다"라는 경우가 태반이다. 누구도 자신의 말을 듣지 않는다고 체벌을 가할 수는 없다. 자신의 배우자에게도, 내 아이에게도 안 된다. 자신이 상대방보다 우위에 있다고 생각하기에 나오는 행동이다. 말을 듣지 않아서 때린다는 것은 독재일 뿐이다. 그것은 관심도 애정도 사랑도 아닌 폭력이다.

가정폭력의 경우 피해자와 그 가족은 가정폭력 전문 상담기관을 통해 가정폭력 전반에 관한 내용을 상담받을 수 있다. 가정폭력 상담소에서는 가정폭력 관련 상담뿐만 아니라 가해자 교정 치료, 가정폭력 예방교육 등의 프로그램을 운영하고 있기에 필요시에 꼭 도움을 받길 바란다.

기사에서 여경 무용론이 언급될 때마다 마음이 아프고 씁쓸하다. 몇 년째 형사과 강력반 마약계에서 일하고 있는 동기 언니, 특전사 출신으로 특공대에서 근무한 동기, 형사 당직반에서 일하고 있는 많은 동기와 선후배님들, 밤낮으로 교통사고 현장을 누비는 직원들과 열과 성을 다해 수사하고 있는 분들, 지구대에서 밤을 지새우며 일하고 있는 수많은 직원까지. 각자의 자리에서 사명감을 가지고 최선을 다하는 여직원들이 많은데도 언론에 비치는 1~2명의 모습을 전체로 확대해서 해석되는 것이 안타깝다. 하지만 이 또한 우리가 안고 갈 과제라고 생각한다. 여경에 대한 색안경과 인식 개선을 위해서는 우리가 자신의 업무에 있어 최선을 다하며, 한 사람 몫을 충분히 해내야 한다. 더불어 여경을 바라보는 여경혐오의 시각을 거둬야 한다고 생각한다. 분명 특정한 사건에서는 여경의 손길이 더욱 필요하다. 그러나 특정한 사건에만 국한되어 필요한 여경으로 남지 않길 바라본다.

04 죽은 자는 말이 없다

우리나라의 한 해 사망자 수는 얼마나 될까? 2021년 기준 317,800명이다. 이를 365로 나눠보면 1일 평균 870명 정도가 사망한다는 것을 통계로 알 수 있다. 2021년에는 코로나19로 인해 사망자 수가 예년보다 크게 증가했을 것이라고 생각할 수도 있다. 그렇다면 코로나19의 영향을 받기 전인 2019년의 사망자 수를 알아보자. 2019년 한 해 사망자 수는 295,100명으로, 1일 평균 808명이 사망했다. 코로나19 이전부터 우리나라는 일 평균 700~800명이 사망했다고 한다. 생각보다 많은 수에 놀라지 않을 수 없다.

경찰이 된 후 놀랄 일들은 자주 펼쳐졌다. 그중 하나가 바로 변사(變死) 사건이다. 변사는 뜻밖의 사고로 죽거나, 스스로 자기의 목숨을 끊는 것을 말한다. 우리나라는 사람이 죽으면 경찰에 신고하게 되어 있다. 사망사건 신고가 접수되면 관할하는 가까운 지구대·파출소(이하 지역경찰) 직원이 출동한다. 이어 변사 사건을 담당할 형사과 직원과 변사체 감식을 위한 감식반이 출동하게 된다.

내가 초임지로 근무했던 신림지구대는 주변에 이름난 고시촌이 있었다. 고시촌 근처에 혼자 사시는 독거노인들도 많았다. 많으면 하루에도 3, 4건씩 변사 신고가 들어왔다. '혼자 사는 세입자가 며칠째 문을 두드려도 인기척도 없고, 이상한 냄새가 난다'라는 신고는 접수되는 순간부터 심상치 않다. 제발 아무 일도 없길 간절히 기도하며 출동해보지만, 우리를 기다리는 것은 싸늘한 주검이다. 냄새가 날 정도면 이미 부패가 꽤 진행된 상태다. 겨울에는 날씨가 추워서 부패가 더디게 진행된다. 하지만 무더운 여름날에는 하루가 다르게 부패가 진행되어 며칠만 방치되더라도 사체가 부패하는 냄새가 공기를 타고 멀리까지 퍼진다.

우리나라 사망원인을 보면 남녀를 통틀어 1위는 압도적으로 암이 차지한다. 이후 10위까지 매년 순위변동은 조금씩 있지만 대개 심장질환, 뇌혈관질환, 당뇨병, 폐렴 등이 사망원인이다. 그리고 5위 안의 순위에 항상 '자살'이 있다.

우리나라는 2003년부터 2016년까지 14년 연속 OECD 자살률 1위였다. 2017년에 리투아니아가 1위를 했다가 2018년부터 지금까지 또다시 1위를 기록하고 있다. 근무하다 보면 자살률 1위 국가라는 것이 실감이 난다. 하루에 2, 3건씩 발생하는 변사 사건 중에 1건 정도는 자살 사건이 속해 있다. 그 형태도 다양하다. 목을 매어 자살하거나 번개탄을 피워두고 자살하는 등이다. 믿기 힘든 일이지만 '아사'도 있다. 먹지 못해 굶어 죽는 사람이 2022년인 현재에도 있다. 참으로 안타깝고 끔찍한 일이 아닐 수 없다.

첫 변사체를 본 것은 경찰학교 교육생 신분으로 경찰서 형사과로 실습을 나갔을 때였다. 물에 사람이 빠진 것 같다는 신고를 받고 출동해보니 이미 익사한 지 한참된 사체였다. 물살에 휩쓸려 형체를 알아볼 수 없을 만큼 오랜 시간 물속에 있었던 사체였다. 그 형체에 놀라기도 했지만, 이렇게 형체를 알아볼 수 없는 사체의 신원을 찾을 수 있을지가 가장 먼저 걱정이 되었다. 분명 누군가의 가족이었을 테고, 애타게 찾고 있을 가족이 있을 텐데. 어쩌다가 물속에 들어가게 된 것인지 묻고 싶었다. 살릴 수만 있다면 살리고 싶었고, 말릴 수만 있다면 말리고 싶었다. 이제라도 가족의 품으로 돌아갈 수 있길 간절히 기도했다.

초임지에 발령받고 첫 변사 사건 현장을 다녀온 날, 퇴근길에 선배님들이 소주 한잔하고 집에 가자고 하셨다. 철부지 막내였던 나는 선배님들과 같이하는 시간이 마냥 좋았기에 이유도 모르고 따라나섰다. 선배님들은 나를 위해 술자리를 마련해주신 것이었다. 변사 사건 현장에 다녀와 마음 추스르지 못할까 봐 걱정되셨던 모양이다.

경찰은 좋은 것보다는 좋지 못한 것을 자주 보는 직업이다. 좋은 일이 있을 때는 경찰이 생각나지 않는다. 오히려 축제나 행사같이 좋은 일이 있을 때 경찰이 보이면 방해가 된다고 하시는 분들도 계신다. 경찰은 힘들 때, 위험할 때, 불안할 때 주로 생각나는 존재다. 누군가의 죽음을 마주하는 일도 경찰이 해야 할 일이다. 때로는 그 현장이 잔인하고 무섭고 마음 아프더라도 감정에 휘둘리지 않아야 한다. 현장에서는 철두철미하게 맡은 일을 처리해야 한다. 앞으로 30년, 경찰 생활에서 마주하게 될 수많은 죽음에 대해 미리 고민하지 말라고 선배님들은 조언해주셨다.

한 후배는 변사 현장을 다녀오면 항상 근무복을 갈아입었다. 지구대에 여벌의 근무복을 꼭 챙겨두었다. 왜 그러냐고 물어보니 현장에 다녀온 근무복을 입고 있으면 그 현장의 잔상이 머릿속에서 떠나지 않는다는 것이었다. 그 슬픔이 자기를 덮칠 것만 같아서 근무복을 갈아입는다고 했다. 그렇게 해야 숨을 쉴 수 있을 것 같다고 했다. 그렇지 않으면 현장의 냄새가 여전히 자기의 코끝에 남아 있는 것 같다고 했다. 변사 현장에 다녀와도 괜찮다고 말하는 사람들을 자기는 아직 이해하지 못하겠다며, 평생을 가도 변사 현장은 익숙해지지 않을 것 같다고 했다.

한번은 현장을 다녀온 후배의 안색이 좋지 않았다. 현장이 너무 참혹했다고 한다. 외국인 노동자 혼자서 직물 공장에서 작업 도중, 기계에 빨려 들어가는 자재를 붙잡으려다 그만 외국인 노동자마저 기계에 빨려 들어가버린 것이다. 사체는 기계에 처참히 짓뭉개져 있었다. 가족들을 먹여 살리기 위해 말도 통하지 않는 먼 타국 땅에서 일하던 소중한 목숨이 그렇게 한순간에 사라진 것이다. 현장에 다녀오지 않은 나도 그 상황이 생생히 그려지는데, 그 현장을 눈으로 본 후배는 오죽했을까. 그 잔상이 몇

151

날 며칠 동안 머릿속에서 사라지지 않는다고 했다.

괜찮은 죽음과 괜찮지 않은 죽음이 어디 있겠냐만은, 우리가 마주하는 현장은 좀 더 견딜 만한 현장과 차마 눈 뜨고 보지 못할 현장의 차이 정도는 있는 것 같다.

말끔한 사체를 본 적 있다. 간밤에 돌아가셨고, 아침에 출근한 간병인이 발견했다. 잠을 자듯 평온해 보였다. 몸이 차갑게 굳어 있지만 않았다면 자는 거라고 해도 다들 믿을 정도였다. 추락사한 사체를 보기도 했다. 빌라와 빌라 사이의 높은 담장에서 떨어졌는데, 골절된 상태로 3일 만에 발견되었다. 당시는 한겨울이었고 추락한 상태에서 발견되지 못해 사망했다. 아마 빨리 발견되었다면 충분히 살 수 있었을 것이다. 그분은 연고도 없는 다른 지역까지 어쩐 일로 오셨을까? 왜 가족도 없는 곳에서 추운 겨울에 눈을 맞으며 혼자 싸늘히 죽어간 것일까. 죽음 앞에 묻고 싶은 게 많아지는 순간이 종종 온다.

친구와 연락이 닿지 않아 신고하시는 분들도 많다. 자식들 다 분가시키고 혼자 남은 친구가 연락되지 않아 걱정되어 찾아오시는 친구분의 마음이 얼마나 따뜻한가. 그런 분에게 좋지 않은 소식을 전하고 싶지 않다. 하지만 집 안에서 싸늘한 주검으로 발견된 친구분의 소식을 신고자에게 전할 때는 입이 떨어지지 않았다. 가족이든 지인이든, 찾는 사람이 있다는 것은 감사한 일이다. 마음을 써주는 이에게 좋지 않은 소식을 전할 때마다 마음이 미어진다. 오열하며 쓰러지는 이들을 볼 때마다 눈물이 나

대한민국 경찰관으로 산다는 것

는 것을 겨우 참는다.

　지역 경찰 생활을 하다 보면 변사 사건은 필연적으로 마주할 수밖에 없다. 매일같이 마주하는 변사 현장이라 하더라도 죽음에 무뎌지지 않길 바란다. 죽음 앞에 의연할 수는 없다. 모든 죽음은 슬프고 아프다. 부디 가는 길 편히 가실 수 있도록, 더 좋은 곳으로 가시길 마음으로 빌어본다.

매너리즘에
빠지지 않기

보통 3년 차 직장인에게 매너리즘이 온다고 한다. 누구도 피해 갈 수 없다는 매너리즘이 대체 무엇일까?

매너리즘(Mannerism)이란 '항상 틀에 박힌 일정한 방식이나 태도를 보임으로써 신선미와 독창성을 잃는 일'을 가리킨다. 타성(惰性)이라는 말과 닮은 뜻이다. 타성은 '오래되어 굳어진 게 좋지 않은 버릇, 또는 오랫동안 변화나 새로움을 꾀하지 않아 나태하게 굳어진 습성'을 가리킨다. 따라서 '매너리즘에 빠진다'라는 표현과 '타성에 젖다'라는 표현은 의미가 같다고 할 수 있다.

경찰도 매너리즘에 빠질까? 경찰(警 경계할 경, 察 살필 찰)의 뜻은 한자 풀이를 그대로 하면, '경계해서 살핌'이다. 국가 사회의 공공질서와 안녕을 보장하고 국민의 안전과 재산을 보호하는 일이다. 또는 그 일을 하는 조직, 국민의 생명·신체·재산을 보호하고 범죄의 예방과 수사, 피의자의 체포, 공공의 안녕 유지 따위를 담당하는 일이라고 사전에서는 정의하고 있다.

지구대의 경우 교대근무 특성상 겨울에는 주간근무 출근 시간이 7시경으로 해가 뜨지 않은 시간이고, 야간근무 퇴근 시간도 7시경으로 해가 뜨지 않은 시간이다. 해를 보지 않고 출근했다가 해를 보지 못하고 퇴근한다. 출근 후 얼마간의 시간이 지나면 해가 떠오르고, 야간근무를 하고 퇴근하는 길거리에서 떠오르는 햇살을 맞는다.

야간근무 퇴근길에 떠오르는 해를 볼 때마다 충만한 느낌이 가득하다. '오늘 하루도 무사히 잘 보냈구나, 내가 잠들지 않고 근무함으로 인해 누군가는 마음 편히 잠들 수 있다'라고 자신을 스스로 다독인다. "너무 자기 일을 포장하는 거 아냐?"라고 반문하는 이도 있을 것이다. 물론, 과도한 의미부여일 수는 있다. 하지만 나는 군인, 경찰, 소방관, 의사 등 누군가의 안전을 책임지고 생명에 관여하는 일을 하는 사람들이라면 스스로 사명감을 북돋워야 한다고 생각한다. 국민의 안전과 사회 안녕을 위한 투철한 사명의식과 함께 국민의 인권을 보호해야 하는 사명감을 잃어버리는 순간 기계처럼 일하게 된다. 흔히 말하는 단순히 밥벌이를 위한 일이 되어버리고 만다. 가슴이 차게 식어버린 일에 열정을 가지고 임할 수 있는 사람은 없다.

잊을 만하면 언론에서 '매너리즘에 빠진 경찰, 타성에 젖은 경찰'이라는 타이틀의 사건 사고가 보도된다. 현직 경찰관이 음주운전을 했다, 위급한 상황에서 현장을 벗어났다 등이 보도될 때마다 인상이 찌푸려지고 탄식이 나온다. 많은 공무원 중에서도 '민중의 지팡이'라 불리며 법을 집행하는 공무원이기에 경찰에게는 더 엄중한 잣대가 적용된다.

2020년 12월 말 기준, 전국의 경찰관은 총 126,277명이다. 1명의 부패한 경찰, 잘못을 저지른 경찰이 전국의 13만 명에 가까운 경찰을 욕 먹이는 것이다. 사명감을 가지고, 열심히 근무하는 경찰이 대부분인데, 한 사람의 그릇된 행동이 경찰조직 전체를 욕 먹이고 있다. 경찰관의 범죄행위가 보도되면 그에 따라 경찰관의 사명감이 약해졌다는 기사가 나온다. 일반 공무원도 그러면 안 되겠지만 더욱이 법을 집행하는 민중의 지팡이가, '경찰'이라는 직업을 그저 안정된 일자리로만 생각하는 잘못된 사고방식의 발로가 아니냐는 것이다. 매너리즘에 빠져 경찰이 지녀야 할 사명을 잊은 것은 아니냐는 걱정의 목소리가 들려온다. 그럴 때마다 경찰조직을 쇄신해야 한다는 지적이 쏟아져 나온다.
물론, 경찰도 수많은 직업 중 하나일 뿐이다. 하지만 많고 많은 공무원 중에서 경찰공무원을 선택했다는 것은 자신은 미처 느끼지 못했을지라도 자신 안에 국가관, 책임감, 직업에 대한 자긍심, 청렴성, 사명감 등 다양한 감정 중 하나가 있기 때문에 가능한 것이다. 그렇지 않고서야 보통 2~3년이 걸리는 수험 생활과 더불어 신체검사, 체력, 인·적성, 면접시험까지 치르는 지극히 어려운 관문을 어떻게 참고 견뎠단 말인가.

경찰 계급은 순경-경장-경사, 경위-경감-경정-총경, 경무관-

치안감-치안정감-치안총감의 11계급으로 이뤄져 있다. 대개 순경부터 경사까지는 일선 지구대와 경찰서·기동대 등에서 치안실무자로서 국민과 가장 밀접한 임무를 수행하고 있다. 경위는 파출소 팀장, 경감은 지구대 팀장 또는 파출소장, 경정은 지구대 대장 또는 경찰서 과장, 총경은 경찰서장, 치안감과 치안정감은 지방경찰청장, 치안총감이 경찰청장이다.

경찰조직은 경찰공무원이 매너리즘에 빠지는 것을 예방하고, 지역 토호세력의 유착 시도를 최소화하기 위해 고위직 교류 인사 제도를 운용하고 있다. 예전에는 경감에 승진하면 자신이 근무하는 지방청을 벗어나 다른 지방청으로 옮겨야 했다. 서울에서 제주도로 발령이 나기도 했다. 지금은 경감 계급 인원이 많아져서 지방청을 옮기지는 않지만, 다른 경찰서로 소속을 바꿔야 한다.

인사이동은 비단 고위직에만 있는 것은 아니다. 경찰 인사는 1년에 2번 있는데, 대개 1~2월 사이에 대대적인 상반기 인사가 있고, 7~8월 사이에 하반기 인사가 있다. 경찰서 내에서는 단기 인사라고 해서 상반기 인사에 전입한 부서에서 하반기 인사에 다른 부서로 이동하지 않는 것이 관례이기는 하나 부서 이동에 큰 제약이 있지는 않다. 하지만 지구대·파출소는 대개 2년 이상 근무를 하면 다른 지구대·파출소로 이동을 해야 한다. 신고 건수가 많고 치안 수요가 높은 지구대는 본인이 희망하면 최장 3년까지 근무할 수 있다. 이 또한 근무지에서의 매너리즘에 빠지지 않기 위한 일환이다. 이렇게 인사가 자주 있다 보니 만나고 헤어짐의 연속이다.

인사이동이 있다고 해서 매너리즘에 빠지지 않는 것은 아니다. 근무하는 장소가 달라질 뿐 경찰 본연의 업무가 달라지는 것은 아니기 때문이다. 어딜 가든 주취자는 여전히 많고, 폭행·절도·시비·가정폭력은 수시로 행해지며, 자살 소동 또한 매일같이 일어난다.

매너리즘에 빠지면 어떻게 될까? 처음에 말했듯이 매너리즘에 빠졌다는 것은 항상 틀에 박힌 일정한 방식이나 태도를 보임으로써 신선미와 독창성을 잃는 일이다. 그로 인해서 하던 일에 대한 흥미나 의미를 잃어버리고 의욕이 없어지며 심해지면 왜 이 일을 하는지 모르겠는 상태가 되어버리는 것이다. 쉽게 말해 초심을 잃어버린 상태가 되는 것이다. 하던 일을 어떤 변화 없이 계속해서 그대로 반복하기만 한다면 누구나 겪을 수 있는 일이다.

경찰 업무는 업무 특성상 매너리즘에 빠지기 쉬운 구조다. 틀에 박힌 업무를 일정한 방식으로 처리해야 하고, 정해진 법의 절차에 따라 민원인을 응대해야 하기에 유연하지 못하며, 자기 재량이 있어서는 안 된다. 업무분장 또한 명확해서 지구대에서 할 수 있는 초동조치는 한계가 있다. 업무에 있어서 창의성을 개입할 수는 없다. 게다가 매일같이 마주하는 사람들의 80~90%가 주취자다. 업무처리에서 보람을 느끼는 순간보다는 욕을 먹는 순간이 더 많은 것이 사실이다. 이런 현실에 익숙해져 매너리즘에 빠지게 되면, 능률도 떨어지게 되고 개인적인 행복감도 떨어질 수밖에 없을 것이다.

내가 생각하는 매너리즘에 빠진 형태 중의 하나는 예단(豫斷)이다. 어느 지역이든 알코올중독자와 정신질환자는 존재한다. 순경 시절에 매일같이 허위 신고를 하던 알코올중독자가 있었다. 하루에도 많으면 열댓 번씩 신고를 했다. 112로 신고를 하기도 하고, 지구대로 직접 전화를 걸기도 했다. 야간근무 중에 어김없이 그 사람에게서 신고 전화가 접수되었다. 112상황실로 접수된 신고 녹음내역을 들어보았다. 굉장히 어눌한 발음이었다. 신고 내용은 "나 지금 약 먹었어요. 죽을 거야"였다. 평소에도 죽겠다, 약 먹었다는 신고를 남발하던 신고자였기에 대수롭지 않게 생각했다. 그런데 옆에 계시던 주임님께서는 "평소랑 말하는 게 조금 다르다. 빨리 현장에 가보자"라고 하셨다. '설마…' 하는 마음에 119에 공조 요청을 하고 서둘러 현장으로 달려갔다. 이전에도 여러 번 방문했던 곳이었기에 금방 도착했다. 혼자 사는 신고자의 집 문이 열려 있었다. 방에 들어가 보니 수면제 수십 알을 먹고 쓰러져 있었다. 아찔했다. 만약 매일같이 하던 허위 신고로 치부하고 출동이 늦어졌으면 이 사람은 어떻게 되었을까?

불시에 찾아오는 매너리즘이 우려되는 것은 권태와 번아웃(Burnout, 극도의 피로·연료 소진) 증후군을 동반하기도 한다는 사실이다. 권태가 어떤 일이나 상태에 시들해져서 생기는 게으름이나 싫증이라면, 번아웃 증후군은 일에 몰두하던 사람이 극도의 스트레스로 인해 정신적·육체적으로 기력이 소진되어 무기력증, 우울증 따위에 빠지는 현상을 가리킨다. 두 증상 모두 매너리즘을 단단히 고착시키기 때문에 무엇보다도 의도적으로 그 상태에서 벗어나려는 노력이 절대적으로 필요하다.

틀에 박힌 업무로 인해 창의성을 발휘할 수 없다 하더라도, 매너리즘에 빠지지 않기 위해서는 스스로 국가관, 가족에 대한 책임감, 직업에 대한 자긍심, 사명감, 청렴성을 가지고 수시로 상기시켜야 한다.

나는 육아휴직으로 인해 업무 공백기가 길었다. 그러다 보니 지금은 현장에서 일할 수 있다는 것만으로도 감사하다. 그래서 사건 하나를 접할 때마다 생각한다. 대상자가 어린아이들이라면 내 아이가 떠오르고, 어르신들은 나의 부모님 또는 돌아가신 조부모가 겪는 일처럼 느껴진다.

경찰을 왜 찾을까? 도움이 필요해서다. 그 순간 생각나는 존재가 경찰밖에 없어서다. 어쩌면 그들에게 경찰은 수호천사고, 그 순간은 하늘에서 내려온 동아줄처럼 느껴질 것이다. 국민의 도움이 필요한 곳에는 그곳이 어디든, 언제든 불철주야(不撤晝夜) 경찰은 달려간다.

10이라는 도움을 줄 수 있는 상황에서 매너리즘에 빠져 1이라는 도움밖에 주지 않는 경찰이 되지는 말자. 어떤 민원인을 만나든 그 민원인에게는 자기 앞에 있는 경찰이 경찰조직 전체를 대표하는 얼굴이다. 제복을 입고 있는 순간에는 언제나 최선을 다해야 함을 잊지 말자.

알고도 당하는 범죄, 보이스피싱

"안녕하십니까. ○○○님 맞으십니까. 여기는 서울중앙지방검찰청 첨단범죄수사팀의 팀장을 맡은 검사 ○○○입니다. 선생님 명의 계좌가 대규모 금융사기에 연루되었으니 수사에 협조하시기 바랍니다. 핸드폰 충전하시면서 조사받으세요. 본인 전화가 꺼지면 바로 수배되고, 체포영장 나가면 2년 이하로 징역 처벌받아요."

눈치채셨겠지만, 전형적인 보이스피싱 전화 수법이다. 흔히 전화금융사기단으로 일컫는 보이스피싱(Voice Phishing)은 주로 경찰·검찰·금융 기관이나 유명 전자 상거래 업체로 속여 불법적으로 상대방의 신용카드 번호 등의 금융 정보를 빼내 범죄에 사용하는 범법 행위다. 음성(Voice)과 개인정보(Private Data), 낚시(Fishing)를 합성한 용어다.

최근에는 보이스피싱 문자라 일컫는 스미싱도 판을 친다. 스미싱(Smishing)이란 SMS와 낚시(Fishing)의 합성어로 핸드폰 SMS 문자메시지를 이용한 새로운 핸드폰 해킹기법이다. 메시지로 오는 웹사이트 링크를 클릭하면 자동으로 악성코드가 휴대폰에 깔려 소액결제가 이뤄지거나 핸드폰을 통제하며 금융정보 등을 빼가는 수법이다.

우리나라에는 5대 강력범죄가 있다. 강력범죄란 흉기나 폭력을 써서 저지르는 범죄행위로, 그 죄의 정도가 중하면서 사회적으로 강한 영향력을 가지는 범죄들을 이야기한다. 살인·강도, 강간·강제추행, 절도, 폭력이 그것이다. 5대 강력사범으로는 폭력사범, 흉악사범, 약취·유인사범, 방화·실화사범, 성폭력사범이 있다. 나는 보이스피싱 또한 강력범죄처럼 중범죄라고 생각한다. 흉기만 들지 않았을 뿐이지 강도나 다름없다.

너무나 다양한 수법으로 보이스피싱 및 스미싱이 진화하고 있다. 지구대에 있다 보면 하루에도 몇 건씩 보이스피싱 및 스미싱 신고가 접수된다. 내가 관할하는 지역에서만 하루에 접수되는 신고 건수가 이렇게 많은데, 전국을 통합하면 대체 하루에 접수되는 신고 건수가 몇 건이란 이야기일까? 그들의 뻔뻔한 범죄행위에 너무 화가 난다.

하루는 지구대로 보이스피싱 신고가 접수되었다. 할머니의 계좌가 범행에 연루되어, 통장에 있는 잔액을 다 빼서 검찰이 보관해야 한단다. 전화가 끊기면 도망간다는 것으로 간주해서 체포영장을 가지고 찾아온단다. 그러니 전화를 끊지 말고, 아무에게도 말하지 말고, 돈을 찾아서 종이가방에 넣어 대문 안쪽 가까운 곳에 놓아두라고 했다. 자기들이 안전하게 수거하고 나면 전화를 끊어도 된다고 했단다. 전 재산 8,000만 원을 찾아 봉투에 담아 놓아두라는 위치에 놓았다. 전화가 끊기고 돈 봉투는 사라졌고 지금까지 통화하던 연락처로 전화하니 없는 번호라고 떴다. 그제야 이상하다고 느낀 할머니는 지구대로 신고를 하셨다. 이미 돈은 보이스피싱범들에게 넘어가버린 상태였다. 허탈하기 짝이 없었고, 화가 났다. 자식들에게 부담을 주지 않기 위해 평생을 열심히 일구신 돈을 한순간에 빼앗아버리는 그들이 용서가 안 된다.

나는 경찰에 입직해서 보이스피싱이란 용어를 처음 접했다. 그런데 1980년대, 1990년대에도 보이스피싱이라는 용어만 없었을 뿐이지 같은 수법으로 사기를 치는 사기꾼들이 있었다고 한다. 예를 들어 전화로 자식이 다쳐서 병원치료 하려면 보증금이 필요한데 계좌 이체로 보내야 한다고 했단다. 보내야 한다고 했단다. 수법이 예나 지금이나 크게 차이가 없다. 어이가 없었다. 돈에 영혼을 팔고 양심을 팔아넘긴 사기꾼들이었다.

이제는 경찰·검찰을 사칭한 보이스피싱 수법에는 잘 속지 않는다. 대신 '은행 대출광고'가 판을 치고 있다. 요즘은 2020년부터 시작된 코로나19가 장기화되면서 대환 대출(기존 대출의 금리가 높은 경우 금리가 낮은 대출을 받아 대출금을 받는 방식)이나 저금리 대출을 빙자해 돈을 가로채는 보이스피싱이 활개를 치고 있다. 특정 은행명을 사칭해서 '○○은행 대출광고'라는 문자를 받으면, 당연히 해당 은행에서 보낸 대출광고라고 생각해서 전화를 걸게 된다. 그러면 상담원의 안내에 따라 '카카오톡 친구'

로 추가한 뒤 은행 애플리케이션을 깐다. 이 과정에서 상담원이 "생활자금 대출이 가능한데 기존 대출 신청 내역이 있어 새롭게 대출 신청을 하려면 금융법 위반"이라며 "(채권추심) 직원을 보낼 테니 현금으로 돈을 건네주면 된다"라고 설명한다. 전형적인 보이스피싱 수법이다.

경찰청에서 대대적으로 홍보를 해왔기에 보이스피싱 피해자가 줄어들지 않을까 기대도 해봤다. 그러나 최근 5년간 보이스피싱 범죄 피해는 지속해서 증가하고 있다. 심지어 금액도 기하급수적이다. 2016년에는 1,468억 원이었던 보이스피싱 피해액이 2020년에는 7,000억 원에 달했다. 건당 평균 피해액수도 급증해 2016년 861만 원에서 2020년에는 2,209만 원으로 집계되었다. 보이스피싱범들이 물가상승률을 반영하는 것도 아니고 도가 지나치다. 점점 범행 수법도 교묘해지며 금액적인 면에서도 대담하다.

보이스피싱 범죄 초기에는 금융정보에 취약하고 신문·방송 등의 미디어를 접하기 어려운 노년층이 주로 피해를 당했다. 당시에는 범행 수법도 단순해서 대부분 "세상 물정이 어두운 사람들이나 당하는 범죄"라고 여기는 경우가 많았다. 하지만 최근에 피해자를 연령대별로 보면, 50대(29%)와 40대(24%)로 중년층의 비중이 가장 크다. 보이스피싱범들이 전산팀과 텔레마케터팀, 시나리오팀, 통장모집팀 등 역할을 분담하는 전문 범죄 단체로 지능화하고 있어서다. 수법 역시 정보통신 기술을 접목해 나날이 정교해지고 있다. 경제활동이 왕성하고 거액의 돈거

대한민국 경찰관으로 산다는 것

래가 많은 중년층이 범행 대상이 될 확률이 높아졌다. 그다음이 20대 이하(17%), 30대(14%), 60대(13%), 70대(3%) 순이었다.

초기에는 나도 부모님에게 보이스피싱 수법을 알려드렸다. 검찰이나 경찰을 사칭하고 체포영장이 발부된다고 해도 일단 무조건 끊고 나에게 전화를 하라고 했다. 또는 자녀인 우리를 사칭하거나 우리가 납치되었다고 해도 일단 끊고 무조건 우리에게 직접 전화를 걸어 확인해보라고 했다. 부모님은 그런 전화는 대응하지 않으니 걱정하지 말라고 하셨다. 그런데도 하루에도 수십 건씩 접수되는 보이스피싱 사건을 보면 마음이 놓이지 않는다.

보이스피싱 피해를 본 피해자분들의 이야기를 들어보면 한결같다. 그 순간에는 그게 사기인 줄 몰랐다는 것이다. 정신이 하나도 없고, 그 사람의 말을 듣지 않으면 내 자식이 곧 죽어 나갈 것 같고, 다시는 보지 못할 것 같다는 것이다. 자식이라면 심장도 내어줄 수 있는 부모의 마음을 악용하다니, 괘씸하기 짝이 없다.

스미싱의 경우는 젊은이들도 많이 당한다. 택배문자 스미싱이나 해외결제 스미싱은 언뜻 보면 진짜 업체에서 보낸 문자 같기도 하다. 자세히 봐야만 한다.

'[국외발신][ez몰] 해외결제 ○○○님 999,000원 결제 완료. 본인 요청 아닐 경우 문의전화(안심번호) : 000-000-0000'과 비슷한 문자를 한 번쯤은 받아봤을 것이다. 당연히 스미싱 문자라고 생각하면서도 조금 찝찝하긴 하다. 혹시라도 내 카드가 도난되어 결제된 것은 아닐지 걱정이 되면서도 쉽사리 연락하지는 않는다. 그래도 이 정도는 이상하다고 의심이라도 할 수 있다.

그렇다면 이건 어떨까? '[○한통운택배] 택배분실 보상 내용입니다. http://cjlogtic.com' 인터넷 주소 형태도 그럴싸하고 택배가 분실되어 보상을 해준다고 하니 궁금하기도 하다. 택배 없는 세상은 상상도 할 수 없는 세상이지 않은가. 하루에도 새벽 배송부터 시작해서 부지기수로 받는 택배다. 원래 주문할 때는 고심해도 받을 때는 내가 뭘 주문했는지도 모르는 게 택배이지 않은가. 수많은 주문 목록 중에 무언가 빠졌다고 생각해서 자신도 모르게 링크를 누르는 순간, 악성코드는 내 핸드폰에 퍼지게된다. 소액결제가 이뤄질 수 있고, 내 핸드폰에 저장된 모든 정보를 빼내갈 수도 있는 무서운 범죄다. 그래서 나는 지금도 새로운 유형의 스미싱 문자를 보면 부모님께 알려드린다. 보이스 피싱이나 스미싱은 예방만이 최선이기 때문이다. 이미 당한 후에 수습하기에는 너무 힘이 든다. 한계가 있다.

만일 보이스피싱 전화 또는 문자를 받고, 피싱 사기범에게 계좌이체가 된 경우에는 다음과 같이 대응한다. 먼저 경찰청(112), 금융감독원(1332) 및 송금 및 입금한 금융기관의 고객센터에 즉시 피해 신고를 접수해서 지급정지를 신청한다.

신분증, 계좌번호 등 개인정보가 유출되거나, 의심스러운 URL 접속으로 악성 앱 설치가 의심되는 경우에는 ① 기존에 사용하던 공동인증서 폐기·재발급 및 악성앱 삭제(초기화 또는 통신사 고객센터 방문), ② 금융감독원 개인정보노출자 사고예방시스템(pd.fss.or.kr)에 접속해 개인정보 노출사실 등록, ③ 금융결제원 계좌정보통합관리서비스(www.payinfo.or.kr)에 접속해 명의도용된 계좌 개설 여부 조회, ④ 한국정보통신진흥협회 명의도용방지서비스(www.msafer.or.kr)에 접속해 명의도용된 휴대전화 개설 여부를 조회 후 필요한 조치를 취한다.

이후 가까운 경찰서를 방문해서 사건사고사실확인원을 발급하고, 이를 지급정지 신청한 금융회사 영업점에 제출(지급정지 신청일 3일 이내)해서 피해금 환급신청을 해야 한다. 금융민원 및 불법금융신고, 보이스피싱에 대한 고충민원 등에 관해 자세한 사항은 금융감독원 홈페이지를 참조하길 바란다.

점점 심각해지는 보이스피싱 범죄로부터 국민이 피해를 당하지 않고, 예방과 대응해주길 바라는 마음으로 서울도봉경찰서 형사과 강력팀 김준형 형사가《목소리로 일어나는 살인, 보이스피싱》이라는 책을 출간했다. 보이스피싱을 가리켜 목소리로 일어나는 살인이란 문구보다 어울리는 수식어는 없다고 생각한다.

이미 보이스피싱과 스미싱은 우리 생활 전반에 너무나 깊숙이 침투해 있다. 아차 하는 순간 내가 피해자가 되어 있을 수 있다. 보이스피싱범들을 잡더라도 이미 돈을 빼돌린 뒤라서 회수 확률이 낮다. 현실이 그러하다 보니 거액의 피해자분들이 개인회생이나 파산 신청을 하는 경우도 많다. 앞서 이야기했지만, 보이스피싱과 스미싱은 예방만이 상책이다. 보이스피싱을 가리켜 '알고도 당하는 범죄'라고 한다. 경찰을 찾는 수많은 이들 중, 보이스피싱 피해자들이 줄어들길 간절히 바란다. 이 지구상에서 보이스피싱범들이 뿌리 뽑히는 그날이 오길 간절히 바란다.

07

제복에 부끄럽지 않은
하루였는가

우리나라는 고소·고발 남발 국가라고 부를 정도로 경제사범에 대한 사건이 많이 접수된다. 현재는 수사권 독립으로 인해 업무가 과중하게 늘어나 수사과는 기피 부서가 된 상태다. 한 가지 사건을 수사하기 위해서는 거쳐야 하는 수많은 절차가 있다. 하루·이틀 만에 사건이 해결되지 않는다. 사건이 진행되는 속도에는 한계가 있는데, 매일같이 접수되는 사건의 양은 줄어들지 않고 오히려 늘어난다. 오늘 하루 3건의 사건을 종결했는데, 새로 배당된 사건은 10건이다. 처리하고 처리해도 사건이 줄어들지 않는다. 인력 충원이 절실히 필요하다.

2020년 기준 전국의 경찰관 수는 126,277명으로 경찰관 1인당 담당 인구가 무려 411명이다. 개개인의 차이는 있겠지만 수사관 1명당 처리하는 사건이 적게는 20건, 많게는 50건도 보유하고 있다. 하루에 한 건씩만 해결한다고 해도 적어도 한 달이 걸린다. 실체적 진실을 찾겠다는 다짐을 안고 수사과에 발을 들였다가 현실의 녹록지 않음에 지쳐 탈출구를 찾는다.

순경 시절, 기동대에 발령나기 전까지 수사과 경제팀에서 반 년간 근무했다. 당시 수사 업무를 하면서 내가 존경했던 사람이 두 분 있다. 한 분은 경제팀 근무 당시 내 사수분이었고, 1명은 지금의 내 남편이다.

나의 사수는 경찰간부후보생 출신의 젊은 경위셨다. 대개 경위 계급을 주임님이라고 부른다. 나와 나이 차이는 몇 살 안 났지만, 포스가 남달랐다. 장난기가 많은 나도 그 주임님께는 깍듯하게 대했다. 주임님은 항상 8시 50분경 출근을 했다. 자리에 앉자마자 위장약을 먹고는 바로 업무를 시작한다.

공무원은 정기 업무가 끝나는 저녁 6시 이후에도 근무하게 될 때, 밤 11시까지는 초과 업무수당을 받을 수 있다. 하루에 최장 4시간의 초과근무가 가능하다. 11시가 넘어가면 근무를 더 한다고 해도 수당이 나오지 않는다. 그래서 4시간의 초과 업무시간을 넘기면 시간도 늦었기에 대개 퇴근한다. 그런데도 주임님은 실체적 진실을 밝히기 위한 수사 업무를 계속했다. 그렇게 시작된 업무는 새벽 2시까지 이어지기도 했다. 매일같이 늦은 새벽까지 업무를 하니 속이 좋지 못해 위장약을 달고 사는 것이었다.

지구대에서 같은 팀에서 근무했고 선후배 사이였던 남편이 내가 근무하던 경제팀으로 발령받았다. 한 번쯤은 수사 업무를 해보고 싶었던 남편은 정신없이 수사 업무에 빠져들었다. 수사 과정 중 피의자와 피해자의 진술이 엇갈릴 때 양측 당사자를 한

자리에 불러 조사를 하는 대질심문을 할 수 있다. 대질심문을 한다는 것 자체가 이미 양측의 의견이 불일치하고, 서로 주장이 다르기 때문이기에 수사관의 중재가 중요하다. 대질심문을 하고 나면 피의자와 피해자도 힘들지만, 양측의 진술을 기록하며 중재하는 수사관 또한 굉장히 지친다. 그래서 수사관에게 필요한 정보만 취하고 조사를 끝낼 수도 있다. 하지만 남편은 그러지 않았다. 양측의 억울함을 경청했고, 빠짐없이 기록하고 조사했다.

두 사람을 보면서 느낀 점이 있었다. 누구 하나 알아주는 사람이 없는데도 어느 것 하나 허투루 하지 않는 그 모습을 보고 '수사 업무에 대한 자신만의 신념'이 느껴졌다. 수사를 하려면 두 사람과 같은 자세로 임해야 한다는 생각이 들었다.

당시 정말 놀랐던 것은 우리나라에 사기꾼이 어마어마하게 많다는 것이다! 상상을 초월했다. 물품 사기라는 것이 2010년대 초반부터 성행이었다. 인터넷이 발달하고 인터넷 공간이 커지면서 중고 물품 거래사기 사건이 입이 떡 벌어질 정도로 많이 발생했다. 사기 공화국이란 말이 떠돌 정도다. 중고물품 거래 사이트를 통해 개인 간 물품 거래가 빈번하게 이뤄지다 보니 사기 피해도 급증했다. 사기 수법은 비슷한 듯 다양했다. 대금을 받고 잠적을 한다거나, 빈 상자를 보낸다거나, 심지어 벽돌을 택배로 보내기도 했다. 피해자의 연령대도 10대부터 60대까지 다양했다. 특히 다양한 육아용품들을 중고로 저렴하게 구매하려던 엄마들이 많은 손해를 입었다.

상대방의 전화번호, 대화 내용, 계좌번호, 이체 내역 등을 캡처해서 아는 부분만으로도 경찰서에 방문해서 사기 사건 접수는 가능하다. 담당 형사가 배정되면 계좌번호를 추적해서 범행 계좌의 명의자를 파악하고 명의자의 주소지를 관할하는 경찰서로 사건이 이송된다. 해당 계좌의 피해자가 1명은 아닐 것이다. 전국의 피해자들이 접수한 사건이 모두 계좌 명의 주소지 경찰서로 사건이 이송되어 오는 것이다. 계좌의 명의자가 범인이라고 단정할 수는 없다. 대포통장일 수도 있고, 계좌 명의자도 다른 범죄에 연루된 피해자일 수도 있다. 그 과정을 파헤쳐 나가는 것이 수사관이 할 일이다.

내가 조사했던 물품 사기의 경우, 계좌 명의자였던 A씨 또한 대출 사기를 당하면서 신분증과 통장을 사기범들에게 전해 주었고, 그 계좌가 다른 사람들의 물품 사기에 입금 계좌로 이용된 사건이 있었다. A씨 계좌에 물품대금을 입금한 피해자가 수십 명이 넘었다. A씨는 이미 조사를 받은 내역이 많았다. 사건이 접수되어 이송되어 올 때마다 A씨는 본인의 억울함을 입증하기 위해 서류를 챙겨 경찰서를 찾았다. 내가 할 수 있는 일은 A씨 또한 대출 사기를 당한 피해자임을 입증할 수 있는 거래내역을 확보하고, A씨 계좌에 입금된 금액을 출금하는 사람의 얼굴이 담긴 은행 CCTV를 확보해서 A씨와 대조를 하는 등 A씨의 억울함을 적극적으로 해소할 수 있게 도와주는 것이었다. 모든 피해자의 억울함을 해소할 수 있으면 좋겠지만, 한계는 있다. 하지만 할 수 있는 한 최선은 다해야 한다.

지금, 이 순간에도 물품 사기는 끊임없이 일어나고 있다. 피해를 입었을 때 신고 방법은 두 가지가 있다. 형사소송과 민사소송이다. 둘의 차이가 무엇일까? 쉽게 말하자면, 형사처벌은 '이 사람이 잘못을 했습니다! 처벌해주세요' 하고 경찰에 신고하는 것이다. 민사소송은 '(손해배상 등) 내 돈 내놔!' 하면서 법원에 신고하는 것을 말한다. 민원인은 대부분 경찰서에 사건을 접수해서 사기 범인을 잡게 되면 돈을 돌려받을 수 있다고 생각한다. 경찰에서는 피의자를 조사해서 죄가 있는지 없는지를 판단하고, 기소 및 불기소 의견으로 사건을 송치하는 단계까지만 가능하다. 민사관계에는 간여할 수 없기에 직접 돈을 받아줄 수는 없다. 피해 금액을 돌려받고자 한다면 번거롭더라도 별도로 민사소송을 진행해야만 한다.

요즘에는 물품 거래사이트마다 범죄에 연루된 계좌를 조회하는 시스템이 있다. 꼭 거래 전에 해당 계좌가 안전한 계좌인지 확인하는 것은 필수다. 어떤 범죄든 예방이 우선이다. 사건이 발생하고 나면 신경 쓸 일이 한두 가지가 아니다 보니 일상 생활에 지장이 생기기도 한다.

짧은 시간이었지만 경제팀에서의 경험은 많은 것을 느끼게 해주었다. 신참 수사관이기에 더 노력해야 했다. 오전 7시에 출근해서 밤 11시에 퇴근하고, 주말에도 출근해서 사무실에서 사건 서류를 펼치면서도 힘든 줄 몰랐다. 재미있었다. 간혹 '이 사건은 내가 꼭 해결하고 만다!' 하는 사건을 접할 때면 정의감에 불타올랐다. 그런 시간이 쌓여야 내가 제대로 된 1명의 몫을 하는 경찰이 될 것 같았다. 하루도 허투루 쓰고 싶지 않았다. 선배님들의 어깨너머로 하나라도 더 배우려고 노력했다. 어느 자리에서 어떤 업무를 처리하든 그때나 지금이나 퇴근길에 하루를 되돌아봤을 때 한순간도 제복에 부끄럽지 않은 하루였기를 소망한다.

08

동기부여를 하는
경찰관을 꿈꾼다

처음 경찰이 될 때는 여성청소년과 업무가 하고 싶었다. 당시에는 방송통신대학교 청소년교육과에 재학 중일 때라, 막연히 방황하는 청소년들에게 도움을 주고 싶다고 생각했다. 한편으로는 경찰에 대한 인식을 개선하고 싶었다. 어르신들은 일명 '순사 시절'을 기억하신다. 그래서 지나가는 경찰을 보면 말 안 듣는 아이를 가리키며 "너 말 안 들으면 경찰 아저씨가 잡아간다! 아저씨, 얘 잡아가세요!" 하고 소리치신다. 실제로 아이를 내 코앞까지 등 떠밀어 데려오시는 경우도 종종 있다. 아이는 무서워서 울며불며 잘못했다고 한다. 나는 그 소리가 듣기 싫었다.

어린이집이나 유치원, 또는 초등학교 저학년 학생들만 해도 경찰은 꿈과 희망의 직업이다. 모두 멋있다고 생각하고 어려운 사람을 도와주고 나쁜 사람을 잡아가는 영웅, 또는 선망의 대상으로 생각한다. 하지만 어느 순간부터 말 안 들으면 잡아가는 사람으로 인식을 바꾸게 하는 그 말에 거부감이 들었다. 경찰은 아이들이 말을 안 듣는다고 잡아가지는 않는다. 실제로 '경찰이라고 하면 무조건 피하고 본다' 또는 '막연히 무섭게 느껴진다'라는 말을 여러 번 들었다.

적어도 나를 만나는 민원인은 '경찰이라고 다 무섭고 권위적인 것은 아니던데, 괜찮은 경찰도 많더라. 덕분에 경찰에 대한 이미지가 좋아졌어'라고 생각할 수 있었으면 좋겠다. 그렇게 될 수 있도록 노력해야 하는 것은 나의 몫이다.

나는 현재 지구대에서 순찰 업무를 하고 있다. 경찰복을 입고 순찰차를 타고 신고 출동을 한다. 한번은 오전 10시 40분경, 관내 초등학교에서 교감 선생님의 신고 전화가 왔다. 3월 2일, 초등학교 입학식이 있던 날이었다. 1학년 남자 입학생이 학부모와 함께 등교했고, 엄마는 중앙현관까지 아이를 데려다줬는데, 이후 학교 안에서 아이가 사라졌다는 것이다. 심장이 내려앉는 기분이 들었다. 두 아들의 엄마인 나는 남의 일 같지 않았다.

다행히 학교가 가까이 있어, 1분도 안 되어 도착했다. 밖에서 보는 학교는 평온했다. 이 큰 학교에서 아이 1명이 사라지는 것은 티도 나지 않을 일이었다. 이미 학교 관계자분들이 모여 학교 내의 CCTV를 확인하고 있었다.

아이를 등교시킨 엄마가 기억하는 등교 시간은 8시 40분경. 학교 관계자분들 4명과 경찰관 4명이 CCTV를 1.5배속으로 확인하고 또 해봐도 아이와 엄마가 나타나지 않았다. 혹시나 하는 마음에 오전 8시 30분경의 영상부터 재생해봤다. 드디어 CCTV 속에 등교하는 아이와 엄마가 보였다. 그런데 시간이 너무 일렀다. 신입생은 9시 30분경부터 등교 예정이었는데, 8시 50분도 안 되어서 재학생들과 같은 시간에 등교한 것이다.

원래 입학식 날에는 입학생을 안내하기 위해 대기하고 있는 안내원들이 계신다. 안내원이 아이를 교실 앞까지 안내해주시거나 학부모님과 함께 교실에 갈 수 있도록 안내를 도와드린다. 하지만 안내원께서 일찍 온 아이를 신입생이라고 생각하지 못하고, 혼자 교실을 찾아가도록 한 것이다.

생각해보라. 여덟 살 아이가 처음으로 등교하는 반을 제대로 찾을 확률이 몇 퍼센트가 될까? 혼자서 똑같이 생긴 수많은 교실 중에 자신이 속한 반을 찾아야 했던 것이다. 더군다나 그 학교는 1학년 교실이 2층에 있었다.

담임선생님은 처음부터 아이가 교실에 오지 않았다고 했다. 그렇다면 어딘가 다른 곳에 있을 확률이 높았다. 층마다 화장실 문을 다 열어보고, 교내 방송을 부탁드렸다. 또한, 다른 반에 있을 확률도 배제할 수 없기에 출석 체크를 꼼꼼히 부탁드렸다.

하지만 이미 1학년 신입생들은 귀가한 상태였다. 신입생들은 입학 첫날이라서 9시 30분부터 10시 30분까지 한 시간가량, 오리엔테이션처럼 진행 후 다음 날부터 정규 수업이 시작될 예정이었다. 만약 다른 1학년 반에 있었다면 교실에 있지 않을 확률도 있었다. 혹시나 아이가 귀가하는 영상은 없는지 계속 CCTV를 확인해야 했다. 만에 하나 낯선 사람과 학교를 나서는 아이의 모습이 발견될까 봐 다들 숨죽이며 영상을 확인했다.

얼마나 시간이 흘렀을까. 정오가 넘어 귀가하는 학생들 사이에 아이가 보였다. 이름을 부르니 반응을 했다. 다행히 그 아이가 맞았다. 순간, 눈물이 왈칵 쏟아질 것 같았다. 내 아이를 찾은 것처럼 기뻤다. 이모와 외할아버지도 와 계시고, 경찰관들이 자신을 부르니 놀라서 어리둥절해하는 아이의 손을 잡고 눈을 맞춰 앉았다. 그리고 어디에 있었냐고 물어보았다. "22에 있었어요." 순간적으로 2학년 2반이 떠올랐다. 말하는 본새가 영락없이 여덟 살 꼬마 아이다. 일곱 살짜리 아들과 하는 대화와 별반 다를 것이 없었다. 웃음이 나면서 "왜 22에 가 있었어?" 하고 물었더니 "11을 찾았는데, 없어서 22로 갔어요" 하는 것이 아닌가. 영특한 아이였다.

아이를 찾느라 정신없을 엄마에게 아이가 안전한 것을 전화로 알려주었다. 엄마는 하염없이 울고 있었다. 아이를 찾아야 한다는 생각에 동네를 찾으러 다니시려는 것을 말렸다.

"아이가 집 비밀번호를 모르는데, 집에 왔을 때 문이 잠겨 있고 엄마가 없으면 당황해서 다른 곳으로 갈 수도 있어요. 힘드시겠지만 집에서 기다려주세요. 저희가 아이를 꼭 찾을게요. 무조건 찾아서 연락드릴 테니까, 어머니는 어머니가 할 수 있는 것을 해주세요."

집에서 기다리는 엄마는 얼마나 무서웠을까. 집 밖으로 나오지 못하는 자신을 책망하고 있었을 것이다. '교실까지 데려다줬으면, 의자에 앉는 것을 확인하고 나왔으면 이런 일이 없었을 텐데' 하고 모두 자신의 탓으로 돌리고 있었을 것이다.

"어머니 잘못이 아니에요. 아이 잘못도 아니고요. 아이가 너무 씩씩하던데요. 형이랑 누나들 사이에서도 의젓하게 수업 잘 들고 물건도 잘 챙겨서 왔더라고요. 집에 오면 꼭 안아주세요" 하고 안부를 전하고는 눈물을 겨우 삼켰다.

그날 학교에는 순찰차 3대와 소방차 2대가 출동했다. 아이를 찾고 지구대로 귀소하려는데, 뒤에서 고학년 여자아이들이 수군거렸다. 뒤돌아보니 나에게 말을 붙이고 싶은데 쑥스러운지 서로 먼저 말을 붙여 보라고 하고 있었다. "안녕" 하고 먼저 인사를 걸었다. 그랬더니 누가 먼저랄 것도 없이 "안녕하세요! 너무 멋있어요! 저도 경찰이 꿈이에요!"라고 한다. 그런 말을 들을 때마다 웃음이 나고 기분이 좋다. 행복하다.

경찰은 남성만 하는 것이란 생각은 구시대적인 발상이다. 이미 전국에는 수만 명의 여성경찰관이 일하고 있다. 하지만 실제로 여성경찰이 순찰차를 타고 일하는 것을 볼 일이 없던 학생들에게는 여성경찰의 존재가 여전히 신기한 존재인 것이다.

나는 순찰 업무를 하다가도 홀린 듯이 순찰차를 보고 있는 어린아이들을 보면 그냥 지나치지 못한다. 흔히 TV 속 만화캐릭터 '로보카 폴리'나 '카봇'을 눈앞에서 본 아이들은 순찰차를 신기해한다. 그 순수함이 너무 사랑스럽다. 창문을 내려서 아이들과 인사를 하거나, 차에서 내려 아이와 악수를 하기도 한다. 가끔 용기 있는 아이들은 사진을 찍고 싶어 하는데, 흔쾌히 순찰차 옆에서 같이 사진을 찍기도 한다. 분명, 아이들에게는 잊지 못할 추억이 될 것이다.

간혹 지구대로 어린이집이나 유치원에서 단체방문을 할 경우가 있다. 아이들이 길을 잃거나 부모를 잃었을 때 등록된 지문으로 찾을 수 있는 미아방지 시스템 '아동 사전등록'을 위해서다. 지문을 등록하고 사진을 찍고 나면 지구대를 방문한 꼬마 손님들을 위해 무전기를 만져보게도 하고 순찰차 시승식도 한다. 간혹 직접 무전을 해보기도 하지만, 역시 가장 인기 있는 코스는 순찰차를 타고 사진 찍기다. '로보카 폴리'에 탄 감격스러운 순간을 기록으로 남긴 사진을 아이들은 커서 어떻게 추억할까? 궁금하다.

어린이집이나 초등학교 등 학교를 방문해서 각종 제도에 대한 홍보 활동을 하거나 학교폭력대응 및 예방교육 등을 담당하는 부서는 여성청소년과다. 나는 경찰 생활이 궁금하거나 경찰이 되고자 하는 아이들에게 동기부여를 하는 경찰이 되고 싶다. 그러기 위해서 처음 입직할 때의 마음처럼 여성청소년과를 가야 하나, 하는 생각도 했었다. 하지만 지금 내가 있는 자리에서 최선을 다하는 모습을 보여주며, '나도 저런 경찰이 되어야지' 하는 마음을 갖게 해주는 방법도 있다는 생각이 든다.

그러기 위해서는 나 스스로가 부끄럽지 않은 생활을 해야 할 것이다. 맡은 바 책임을 다한다는 식상한 말 말고, 안주하지 않고 나아가는 생활을 할 것이다. '성장하지 않는 오늘은 퇴보하는 것과 같다'라는 말처럼, 매일 나아가기 위해 노력할 것이다. 나를 보며 누군가는 경찰을 꿈꿀 수 있도록, 동기부여를 하는 경찰이 될 수 있도록 말이다.

대한민국 경찰관으로
산다는 것

나도 누군가의
꿈이 될 수 있다

《내가 꿈을 이루면 나는 누군가의 꿈이 된다》라는 이도준 작가의 저서가 있다.

가슴 뛰는 말이지 않은가. 누군가로부터 "당신처럼 되는 게 꿈이었어요!"라는 말을 듣는다고 상상해보라. 상상만으로도 짜릿하다.

서울관악경찰서 신림지구대에서 근무할 때다. 남자 실습생이 우리 팀으로 발령받아 왔다. 체격이 아주 좋은 실습생이었는데, 숫기가 없었다. 다른 직원들에게는 그나마 말을 하는데, 막내고 나이 차이도 얼마 나지 않는 나에게는 유독 말을 못 붙였다. 나중에 알고 보니 내가 수험공부를 했던 경찰학원을 다녔다고 한다. 그 실습생이 다닐 시기에 나는 모의고사 고득점자였고, 면접에서 고배를 마시고 다시 필기시험을 준비할 때였다. 최종에서 떨어지고도 꿋꿋이 예전처럼 새벽 일찍 나와 한자리에 앉아 묵묵히 공부하는 모습이 인상적이었다고 한다. 그리고 내가 합격했다는 것을 알고는 자신도 경찰에 합격해서 나를 꼭 만나보고 싶었다고 했다.

나는 무언가를 이뤄야만 누군가의 꿈과 목표가 될 수 있는 것이라고 생각했다. 하지만 아니었다. 실패했을지언정, 그 실패를 이겨 나가는 과정 또한 누군가에게는 자극이 될 수 있었다. 내게는 사소한 것도 누군가에게는 이루고 싶은 꿈과 목표가 될 수 있는 것이었다.

앞에서도 언급했지만 나보다 먼저 합격했던 동생도 이야기했었다. "누구보다 열심히 노력하는 누나의 뒷모습을 보면서 공부했어요. 누나처럼 공부하려고 하다 보니 합격했어요. 이번에는 누나 차례예요. 누나는 정말 멋진 경찰이 될 거예요"라고. 결과도 중요하지만 피나게 노력하는 과정 자체만으로도 누군가에게는 목표가 될 수 있는 것이었다.

어렸을 때부터 남들에겐 말하지 않은 평생에 걸쳐 꼭 이루고 싶은 나만의 꿈이 있었다. 흔히 말하는 버킷리스트 첫 번째가 바로 '책을 쓰고 강의하기'였다. '평범한 나의 일상도 누군가에게 울림을 줄 수 있을까?'라는 생각도 있었지만, 해보지 않고는 모를 일이다. 경찰이라면 한 번쯤 겪는 나의 일상이 누군가에게는 간절히 소망하는 일상일 수도 있을 것이다. 그들에게 나의 삶의 경험을 나눠주고 싶다.

나는 누구나 자신의 이름으로 된 책을 내고자 하는 열망이 있다고 생각한다. 오죽하면 '호랑이는 죽어서 가죽을 남기고 사람은 죽어서 이름을 남긴다'라는 말도 있지 않은가. 나 또한 언젠가는 꼭 내 이름으로 된 책을 내고 강의를 하고 싶다고 생각했다. 하지만 책을 쓰는 일은 전문가의 일 같았다. 나는 형사과나 수사과 등 흔히 말하는 전문분야의 업무 경험이 없다. 게다가 육아휴직 기간도 상당히 길었다. 휴직 기간도 길고 다양한 업무 경험이 없는데 경찰 업무에 관한 책을 쓴다는 것이 어불성설(語不成說) 같았다. 평생을 경찰 생활을 하신 선배님들에게 내보이기 부끄러울 것 같았다. 퇴직을 앞두었을 때, 20년 이상 근무를 했을 때, 삶의 연륜이 쌓였을 때야 책을 쓸 수 있을 것 같았다.

어느 날 경찰 관련 책을 발견했다. 드물게도 젊은 직원이 쓴 책이었다. 자신이 업무 도중 겪었던 일들을 쓴 책이었는데, 애환이 고스란히 느껴졌다. 나도 글을 쓰고 싶었다. 한 번 좌절했던 나의 경찰 도전기, 어리바리하지만 열정은 넘쳤던 경찰학교 생활과 순경 시절 등을 책으로 엮고 싶었다. 누군가에겐 나의 좌절과 일상도 도움이 되고 꿈이 될 수 있지 않을까 싶었다. 하지만 막상 시도할 자신이 없었다.

그러던 중 권동희 작가의 《당신은 드림워커입니까?》를 읽었다. 가슴 뛰게 하는 책이었다. 오랜 육아휴직으로 스스로 도태되는 기분과 업무 자신감이 떨어질 대로 떨어진 상태였는데, 내가 왜 경찰을 준비했는지 처음으로 돌아가 생각하게 해줬다. 업무를 하면서 얼마나 행복했는지를 떠올렸다. 그리고 지금 당장 나의 경험을 나눌 수 있는 책을 쓰고 싶어졌다.

연이어 김태광 작가의 《학교에서 알려주지 않는 인생수업》이

라는 책을 접했다. 알고 보니 두 사람은 부부 사이로, 현재 '한
국책쓰기1인창업코칭협회(이하 한책협)'를 운영 중이었다. 그길
로 바로 네이버 '한책협' 카페를 찾았다. 나에게는 아무것도 없
지만, 글을 쓰고 싶다는 생각을 내비치자, 김태광 대표님이 말
씀하셨다.

"경찰이 되고자 하는 이들이 얼마나 많은데 왜 쓸 게 없어요?
자신은 벌써 경찰 생활을 하고 있고 엄마로서, 여성경찰로, 부부
경찰로 지내온 생활을 글로 쓰면 충분할 것 같은데?"

김 대표님은 "성공해서 책을 쓰는 게 아니라 책을 써야 성공
한다!"라고 말씀하신다. 여자로서 존경하는 권 대표님은 말한다.
"내가 나를 정의하지 않으면 남이 나를 정의한다. 생각대로 살
지 않으면 사는 대로 생각하게 된다. 미친 꿈에 도전하라!"라고.

그래서 다짐했다. 내가 정의하는 나로 살아가기로. 내가 생각
하는 나의 인생을 살아가겠다고!

'한책협'에는 글을 쓰는 수많은 사람이 있었다. 나처럼 평범한
사람들이다. 그리고 깨달았다. 지금 시작하지 못하면 내가 생각
했던 나중이라는 시간에도 시작하지 못하리라는 것을. 책을 쓰
는 일은 용기를 내느냐, 내지 못하느냐의 차이였다. 그래서 용
기를 내보기로 했다. "목숨 걸고 코칭합니다!"라고 외치며 제대
로 가르쳐주는 사람에게서 제대로 배워볼 기회를 놓치지 않기
로 한 것이다.

경찰이 될 때 꿈에 그렸던 모습이 있다. 《나는 대한민국 경찰
이다》를 집필하시고, 대한민국 첫 여성경찰 총경을 지내셨던 김

강자 전 경찰서장님처럼 나이가 들어서도 제복에 어울리는 모습이 되고 싶었다. 김강자 전 서장님의 제복 입은 당당한 자태는 내가 그렸던 경찰의 모습이었다.

여러 가지 사회적 요인과 개인적 사정으로 여성경찰관이 정년퇴직하는 경우는 드물다. 나는 경찰로 정년퇴직하고 싶다. 후배들에게 위안이 되고 등불이 되는 선배가 되고 싶다. 후배들에게 힘든 일이 생겼을 때 가장 먼저 털어놓고 싶은 선배가 되고 싶다. "선배가 미리 겪었으니 조언을 구해야겠다", "이보다 더한 일을 겪은 선배도 아직 자리를 지키고 계시는데, 나도 여기서 무너지면 안 되지!"라고 생각할 수 있는 마음의 등대, 정신적 지주가 되어주고 싶다.

나 또한 입직 이후 임신으로 인한 휴직을 해야 한다거나, 신변에 특이사항이 생겨 주변에 조언을 구해야 할 때, 가장 도움이 되었던 것은 선배들의 조언이었다. 경험했던 선배님들은 자기 일처럼 후배들을 챙겨줬다. 공무원 수당 중에는 본인이 모르면 받지 못하는 것들이 종종 있다. 하나라도 놓칠세라 선배들은 꼼꼼히 챙겨줬다. 자기 일처럼 챙겨주는 선배들을 볼 때마다 '나도 후배들이 도움이 필요할 때는 꼭 내 일처럼 챙겨 줘야겠다'라고 생각했다.

나는 고등학교에 다닐 때까지도 꿈이 없었다. 아니, 대학을 졸업하는 순간까지도 꿈이 없었다. 꿈이나 목표는 특출난 아이들만 가지는 것이라고 생각했다. 그래서 꿈이 있고 목표가 있는 아이들이 신기하고 부러웠다. 나는 그저 성적에 맞춰 장학금을 받기 위해 상고를 진학했고, 사 남매 중 둘째 딸로 취업을 빨리 하기 위해 전문대를 갔을 뿐이었다. 하루하루 친구들이랑 어울리는 생활은 재미있었지만, 실속은 없었다. 항상 속 빈 강정처럼 텅 빈 느낌이었다. 그래서인지 온종일 바쁜 것 같이 느껴지는 생활을 좋아했다. 하루를 알차게 보낸 듯한 느낌이 좋았다.

고등학교는 장학금을 받을 수 있는 실업계 학교에 갔다. 처음 배우는 세무회계라는 과목이 재미있어서 열심히 공부했다. 초등학교 4학년 시절, '만성대장염'이라는 병을 앓느라 1년 가까이 오전 수업만 하고 조퇴를 했다. 그러다 보니 그 시절에 배웠어야 할 영어와 수학의 기초가 부족했다. 자신감이 떨어지니 자연스레 공부와 멀어졌다.

하지만 고등학교에 와서 배우게 된 세무회계라는 실업계 고등학교의 주요 과목을 모든 이들이 동일 선상에서 시작하다 보니 자신감이 생겼다. 같은 출발선에서 시작하면 내 실력으로 인정받을 수 있을 것 같았다. 다행히 선생님들이 잘 알려주신 덕분에 과목에 대한 흥미를 유지하며, 좋은 성적으로 장학금을 받고 생활할 수 있었다. 하지만 그것으로 끝이었다. 장학금을 받는다는 만족감은 있지만, 이것으로 내 미래를 어떻게 해봐야겠다는 생각이 들지 않았다.

어쩌면 그 시절 나는 미래의 청사진을 그리는 방법을 몰랐던 것일 수도 있다. 나처럼 중고교 시절 미래의 청사진을 그리는 법을 몰랐던 이들에게 롤모델이 되고 싶다. 내 버킷리스트 중 하나에 '100명의 인생을 바꾸기'가 있다. 상고를 나온 나도 경찰이 되었다고, 영어를 전혀 못 하던 나도 경찰이 될 수 있었다고. 제복 입은 모습이 멋져 보인다면 당신도 한번 도전해보라고 말해보고 싶다. 거창한 국가관이 있어야만 경찰을 하는 것이 아니다. 제복이 주는 멋짐만으로도 경찰을 시작할 동기는 충분하다. 환경이 사람을 만든다고, 제복이 주는 힘이 있다. 제복을 입는 순간 그에 걸맞은 마음가짐이 생긴다. 누구나 가슴속에 아무에게도 말하지 못한 자신만의 꿈이 있을 수 있다. 그 꿈에 불을 지펴줄 희망의 불씨가 되고 싶다.

어떤 경찰로
살아갈 것인가

어떤 경찰로 살아갈 것인가? 이 질문은 직업관과 연관된다. 직업관이란, 개인이나 사람이 직업에 관해 가지고 있는 근본적인 태도나 견해로, 직업의식이라고도 한다. 직업관은 크게 자아실현, 생계유지 수단, 사회적 역할의 실현으로 나눌 수 있다. 나는 어떤 직업관을 가지고 있을까?

나는 경찰에 합격하기 위해 필기시험 합격 후 체력과 인적성 검사 및 면접시험을 모두 대비할 수 있는 학원에 다녔다. 그곳에서 만나 면접을 같이 준비했던 이들과는 면접스터디 동기가 되어 11년째 연락을 하며 만남을 유지한다.

순경 1년 차 시절, 면접스터디 동기들과 만났다. 대부분 근무지가 서울·경기였기에 서울에서 만났다. 지구대 생활도 즐겁지만, 순경 채용 시절을 함께 지낸 동기들과 만남이 주는 느낌은 사뭇 다르다. 만날 때마다 이야기할 거리가 넘쳐 흐른다. 11년이 지난 지금도 최종 발표를 앞두고 하루가 멀다고 붙어 다니며 같이 가슴 졸였던 지난 이야기를 하면, 그때로 돌아간 듯 여전히 즐겁다.

모임을 했던 그날은 동기의 친구가 가게를 오픈했다고 해서 오픈 기념으로 서울의 친구네 가게에서 만났다. 신나게 웃고 떠들며 굽고 있던 고기를 막 한 점 먹으려던 때였다. 갑자기 도로에서 "쾅!! 차르륵" 하며 폭탄이 터지는 듯한 소리가 들렸다. 순간 전쟁이라도 난 줄 알았다. 깜짝 놀라 뒤를 돌아보니 주류 배달 트럭이 도로 중앙분리대를 들이박고는 잠시 멈칫하더니 아무렇지도 않다는 듯 운행을 계속했다. 직감적으로 음주운전이라는 느낌이 들었다. 그렇지 않고서야 배달하던 소주와 맥주 궤짝들이 바닥에 떨어져 나뒹굴고 술병이 다 깨졌는데, 차에서 내리지도 않고 운행을 계속할 리가 없었다.

생각할 겨를도 없이 몸이 반응했다. 나는 자리를 박차고 일어나 트럭을 뒤쫓았다. 다행히 사고 난 곳이 시내였기에 앞에 신호를 대기 중이던 차가 있어서 멀리 가지는 못했다. 200m쯤 쫓아갔을까, 신호 대기 중이던 트럭을 발견했고 기사님께 말씀드려 차에서 하차시켰다. 기사분께서는 술에 만취한 상태로 조금 전에 사고를 냈다는 사실도 기억하지 못했다. 곧이어 순찰차가 왔고 출동한 경찰들께 나의 신분은 밝히지 않은 채 자초지종을 설명하고 자리를 떠나려고 했다. 그런데 주변의 반응이 당황스러웠다. 기사님은 동네 주민분으로, 성실하게 사는 착한 사람이라며, 사람을 치어 죽인 것도 아닌데 쫓아와서 잡냐는 것이었다.

술병이 쏟아져서 깨졌으면 그거나 신고해서 치웠으면 되지, 사람 인생 망치려고 작정했냐는 것이다. 아… 우리나라가 이토록 술에 관대한 나라구나. 잘못은 내가 아닌 트럭 운전기사가 했는데, 나를 잘못한 사람으로 몰아갔다. 동네 주민이고, 평소에 착하게 살았더라도 잘못은 잘못이었고, 음주운전은 하면 안 되는 범죄행위였다. 음주운전을 두고 괜히 살인미수라고 하는 것이 아니다. 조금 전에 난 사고도 기억 못 하는 분이었다. 나는 술 취한 운전자로 인해 다른 생명이 위협받는 일이 없길 바라는 마음뿐이었고, 2차 사고를 예방하기 위한 것이었는데, 나의 선의가 타인에게는 악의가 될 수도 있다는 사실에 씁쓸했다. 출동했던 경찰들께서 상황을 정리해줘서 나는 자리를 벗어날 수 있었다.

동기들에게 돌아와보니 동기 언니는 그사이 경찰에 신고했고, 남자 동기 2명이 도로에 흩어진 술병과 궤짝들을 치우고 있었다. 웃음이 났다. '그래, 우리가 이래서 경찰인가 보다' 싶었다. 이심전심(以心傳心)이었다. 상황이 정리되고 우리는 아무 일도 없었다는 듯이 다시 저녁을 먹기 시작했다.

이따금 우리는 그날을 회상하며 이야기하곤 한다. 각자에게는 성향이 있고, 자신에게 어울리는 직무가 있는 것 같다고 말이다. 나는 외근업무 성향으로 눈에 보이면 반응을 한다. 그 순간에도 누가 말릴 새도 없이 뛰쳐나갔다. 동기 언니는 신고부터 했다. 남자 동기 중 1명은 달리기가 나보다 느렸기에 처음부터 뛸 생각은 포기했다고 한다. 운전자는 내가 잡을 것이라고 믿고 있었단다. 자기는 자기가 할 수 있는 일을 해야겠다는 생각이 들었다고 한다. 둘러보니 두 개의 차로에 흩뿌려져 있는 궤짝과 술병 때문에 사고가 발생할 수도 있으니 치우기로 했다. 차들이 다니는 길에 혼자 내려가는 것은 위험하니 다른 남자 동기 1명이 수신호로 차들을 멈춰 세우고 다른 차선으로 안내했다. 이만하면 환상의 호흡이다.

물론, 굳이 그렇게 하지 않아도 되었을 것이다. 어떻게 보면 나대는 것일 수도 있다. 112에 신고만 하면 음주운전 차량도 경찰이 검거했을 수 있고, 길가에 뒹구는 잔해들에 대한 후속 조치도 취해줬을 것이다. 누군가는 말할 것이다. 경찰이 된 지 얼마 되지 않아서 그런 거라고. 그런데 같은 상황이 지금 벌어진대도 우리는 같은 판단을 하고 똑같이 행동할 것이다. 근무 중이 아니어도 우리가 제복 입은 시민이란 사실에는 변함이 없다. 눈앞에서 벌어진 사건을 간과할 수는 없다.

경찰에 대한 사건 사고가 보도될 때마다 흔히 초심을 이야기한다. 초심이란, 처음에 먹은 마음이나 어떤 일을 처음 배우는 사람을 뜻하는 단어다. 초심의 기준은 언제일까? 경찰에 합격하기 전 수험 시절부터의 마음일까, 아니면 경찰학교에서 교육받을 때의 마음일까, 그것도 아니면 첫 부임지로 발령받았을 때의 각오일까? 나의 초심은 무엇이었을까? 솔직히 잘 기억이 나지 않는다. 돌아보면, 나는 너무나 경찰이 되고 싶었다. 더불어 경찰이 되고 나서 경찰의 업무가 더 좋아졌고, 시간이 갈수록 경찰을 더 사랑하게 되었다는 것이다.

올해로 경찰 생활 10년 차를 맞이했다. 그중 많은 시간을 육아휴직으로 인해 업무와 동떨어져 있었다. 지나가는 순찰차를 볼 때마다 근무하던 시절이 생각났다. 다시 제복을 입고 순찰차를 타고 싶었다. 그런데도 첫째 아이 때는 육아를 선택했다. 감사하게도 직장에는 돌아갈 수 있지만, 아이와의 시간은 되돌릴 수 없다는 생각에서였다. 30년 넘게 하게 될 경찰 생활 중 3년 정도는 온전히 아이와 함께하고 싶었다. 아이와 함께할 수 있어서 너무 행복했지만, 한편으로는 직장으로 돌아갈 날을 기대하고 있는 나를 발견할 수 있었다.

내 직업이 언제부터 이렇게 소중했을까? 예전에 다녔던 고객센터에서의 휴직이었다면 아마 퇴사를 선택했을 수도 있다. 단순히 마음가짐의 차이는 아닐 것이다. 첫 회사에서도 매 순간 최선은 다했었다. 내 직업이 이렇게 소중해진 데에는 업무를 얼마나 기꺼이 받아들이는지, 또는 몸담고 있는 회사에 대한 애착의 정도일 수 있다.

모든 경찰이 정의감, 사명감, 국가관, 직업관을 모두 갖출 수는 없을 것이다. 그렇지만 이 중 하나는 있어야만 유지할 수 있는 직업은 맞는 것 같다. 실제 경찰에 입직했다가 자신이 생각한 직업관, 사명감 등과 일치하지 않고 외근도, 내근도 자신과는 맞지 않는다며 사직 후 9급 공무원으로 전향한 사람도 봤다.

어떤 경찰로 살아갈 것인가? 이 질문은 30년을 하게 될 경찰 생활의 3분의 1지점을 지나고 있는 내가 최근 가장 관심 가지는 주제다. 순경 시절, 동기들과의 술자리에서처럼 불의를 보면 뛰쳐나갔던 것이 나의 초심이라면, 그것을 잃지 않을 것이다. 나

대한민국 경찰관으로 산다는 것

대지 말라는 소리를 들을지언정 눈앞에서 벌어지는 범죄행위는 간과하지 않을 것이다. 누군가에게는 무섭기만 한 경찰의 이미지를 높이는 데 일조하고 싶다. 호기심 어린 눈으로 순찰차를 쳐다보며 손 흔드는 어린아이들의 마음을 지켜주고 싶다. 나쁜 사람은 잡아가고, 착한 사람은 지켜준다는 믿음을 가진 아이들의 동심을 지켜주고 싶다. 또한, 억울하게 피해를 보는 민원인이 없도록 나의 일처럼 보살피는 동시에 나의 동료들이 신체적, 정신적인 피해를 보지 않도록 돕고 싶다. 열정만으로는 지속할 수 없는 업무일지라도 주변의 동료가 지치지 않고, 우리가 하는 일에 의미를 부여할 수 있게 끊임없이 동기부여를 해주는 존재가 되고 싶다.

내게 있어 경찰이 주는 의미는 생계유지의 수단도 맞지만, 30년간 깨닫지 못했던 나의 자아를 실현하고 사회에 보탬이 되는 역할을 할 수 있는 수단이 되는 것도 분명하다. 경찰의 수많은 업무 중 '어떤 업무를 하며 살아갈 것인지'가 아닌, '어떤 경찰로 존재하며 살아갈 것인지', 나를 표현할 수 있는 수식어에 대해 오늘도 생각한다.

경찰의 인권을
지켜주세요

장덕현 작가는 저서 《질문하는 인권 사전》에서 인권에 대해 이렇게 말한다.

'인권이란 사람이 사람답게 살 수 있는 권리다. 우리가 당연하다고 생각하는 것들이 사실 모두 인권 덕분에 가능한 것이다'라면서 '인권은 인간의 이성과 양심, 존엄, 자유, 평등, 우애의 정신으로 사람이 만들어낸 것이다'라고 했다. 인권을 한마디로 설명하자면 '모든 사람이 차별 없이 누리는 권리'라고 말할 수 있다.

그렇다. 인간이라면 누구에게나 인권이 있다. 그렇기에 인간은 누구나 존중받을 권리가 있다. 하지만 여기 때때로 존중받지 못하는 공무원들이 있다. 그러한 이들을 위해 형법에서는 공무집행방해죄를 규정하고 있다.

형법

제136조(공무집행방해) ① 직무를 집행하는 공무원에 대하여 폭행 또는 협박한 자는 5년 이하의 징역 또는 1천만 원 이하의 벌금에 처한다.

② 공무원에 대하여 그 직무상의 행위를 강요 또는 조지(阻 막힐 조, 止 그칠 지)하거나 그 직을 사퇴하게 할 목적으로 폭행 또는 협박한 자도 전항의 형과 같다.

제137조(위계에 의한 공무집행방해) 위계로써 공무원의 직무집행을 방해한 자는 5년 이하의 징역 또는 1천만 원 이하의 벌금에 처한다.

공권력에 대한 경시 풍조가 계속되면서 최근 공무원을 대상으로 하는 공무집행방해 범죄가 끊이지 않고 있다. 특히 경찰을 상대로 발생하는 경우가 압도적으로 많다. 경찰청에 따르면 2021년 1월부터 11월까지 경찰관을 대상으로 발생한 공무집행방해만 5,000명이 넘는 것으로 집계되었다. 이는 전체 공무집행방해 사건 중에서 약 83.2%를 차지하는 것이다.

공무집행방해죄는 직무를 집행하는 공무원을 폭행하거나 협박하는 범죄로, 직접적인 폭행이나 물리력 행사를 하지 않더라도 위협을 가하거나 붙잡는 공무원을 뿌리치는 것만으로도 충분히 범죄 요건이 성립할 수 있다. 또한, 공무원의 지시를 제대로 따르지 않고 허위 정보를 밝히는 경우는 위계에 의한 공무집행방해에 해당되어 처벌을 받게 된다. 이러한 행위를 개인이 아닌 집단이 하거나 위험한 물건을 휴대하고 저질렀다면 특수공무집행방해죄로 일반 공무집행방해죄에 비해 1/2까지 가중처벌이 이뤄진다.

공무집행방해 사건은 단순 폭력범죄와 다르게 취급되고, 초범이어도 공무집행방해죄로 구속까지 될 수 있다. 그러한 이유 중에 가장 큰 것이 공직자의 원활한 직무 수행을 방해해서 다양한 사회적 혼란과 문제를 일으킬 수 있기 때문이다. 또한, 공권력을 무시하는 것이 법질서 자체를 무너뜨리는 행위기도 하기 때문이다. 그리고 만약 경찰관에 대한 폭력, 욕설, 협박 등으로만 끝나지 않고 상해를 입히거나 사망을 초래한 경우에는 특수공무집행방해죄로 벌금의 선처 없이 상해의 경우에는 3년 이상의 유기징역이, 사망에 이르게 한 경우에는 5년 이상 유기징역 또는 무기징역까지 선고될 수 있다.

공무집행방해 사건은 대개 현장 업무를 보는 지구대·파출소 직원들이 많이 겪는다. 시간이 지나도 피해를 당했던 순간이 잊히지 않는다.

새내기 순경 시절, 퇴직을 몇 년 앞두신 아버지뻘 되는 주임님과 신고 현장에 나갔다. 술에 취해 택시 기사와 시비가 붙은 승객이 택시에서 하차하지 않고 버텼다. 그러면서 내 다리를 발로 차고 발버둥 쳤다. 직무를 집행하는 경찰관에게 폭행을 하면 공무집행방해죄로 현행범으로 체포될 수 있음을 수차례 고지했다. 그런데도 계속해서 발길질하고 주먹질을 했다. 공무집행방해죄의 현행범으로 체포하기 위해 택시에서 강제로 하차를 시켰다. 갑자기 나를 보고는 "어? 여자네?" 하면서 바지 지퍼를 내리더니 나를 향해 성기를 드러내고 소변을 보기 시작했다.

기가 찼다. 만취 상태로 자신이 무슨 행동을 하고 있는지는 알고 있을까 싶었다. 체포해서 지구대로 연행했다. 남편의 체포 소식을 듣고 찾아온 부인이 체포한 여직원이 누구냐며 나를 찾았다. 지구대에 여직원은 나 혼자였다. 나를 발견하고는 다짜고짜 삿대질하며 소리쳤다. "우리 남편이 어떤 사람인지 알기나 하고 체포했어? 너 같은 건 하루아침에 날려버릴 수도 있어! 당장 수갑 풀어!"라며 소리 지르던 모습이 생생하다. 체포되었던 남성은 다음 날 술이 깨서 나를 찾아왔다. 그러고는 "술에 취해서 기억이 전혀 나지 않습니다. 제가 원래 그런 사람이 아닌데 정신이 어떻게 되었었나 봅니다. 죄송합니다. 다시는 이런 일 없을 테니 한 번만 봐주십시오"라고 했다.

앞으로 다시는 경찰관에게 폭행하지 않길 바라며 나는 선처를 할 의사가 없음을 전했다. 다시 찾아온다고 하더라도 선처할 의사가 없으니 다시는 찾아오지 않았으면 좋겠다고 했다. 그랬더니 태도가 돌변해서 내 앞에 침을 뱉고 욕을 하고 가버렸다. 알고 보니 그 사람은 예전에도 공무집행방해로 처벌을 받은 전력이 몇 번이나 있었고, 그때마다 술이 깬 다음 날 피해 경찰관을 찾아가서 사과 후 처벌불원서를 받아내 형을 감경받았다.

예전에는 피해자인 경찰이 폭행이나 협박을 당했더라도 피의자로부터 사과를 받거나 합의가 된 후 법원에 처벌불원서를 내면, 피의자의 형량을 감경해주는 처벌불원 조항이 있었다. 하지만 이제 경찰청은 공무집행에 대한 범죄행위에 더는 관용을 베풀지 않을 것이라는 뜻을 밝혔다. 사건 양형기준 개선으로 처벌불원 조항이 삭제될 예정이다. 피해자가 처벌불원의 뜻을 밝히더라도, 형의 감경 요인에서 삭제되어 합의에 이르더라도 결코

낮지 않은 처벌을 받으리라는 것이다. 그렇다 하더라도 피해자에게 진심 어린 용서를 구하는 일은 꼭 필요하다고 본다.

한번은 젊은 남자들이 3 : 3으로 일행끼리 시비가 붙었다. 나를 포함해서 8명 정도의 경찰관이 출동했다. 경찰이 싸움을 말리면 통제를 따라주는 경우도 있지만, 아닌 경우가 대부분이다. 흥분된 상태이기에 쉽게 진정이 되지 않는 것도 이해가 된다. 하지만 모든 일에는 정도라는 것이 있다. 신속하게 싸움을 중재시키고 양측을 분리해서 안전을 확보하고, 흥분을 가라앉힌 후 진술을 청취해야 한다. 싸움이 일어나게 된 경위 등을 듣고 있는데 갑자기 1명이 내 가슴을 움켜쥐고 얼굴을 툭툭 쳤다. 그러고는 자기가 여경 가슴을 만졌다며 소리치고 크게 웃었다. 재고의 여지가 없었다. 공무집행방해죄의 현행범으로 체포했다.

실제 현장에 출동하면 다양한 피해 사건이 발생한다. 경찰에 대한 욕설은 허다할 뿐만 아니라 일상이 되어버렸다. 폭행 협박도 비일비재(非一非再)해서 폭행 협박한다고 해서 모든 사건에 대해 공무집행방해죄를 적용할 수 없을 정도다. 음주운전 단속 현장에서 측정기를 바닥에 내려치며 난동을 부리거나 경찰의 지시에 잘 따르지 않고 음주측정을 거부하고 달아난다든지, 차량으로 경찰관에게 돌진해서 상해를 입히는 경우도 있다. 칼과 가위를 들고 경찰을 향해 휘두르기도 한다.

법 집행에 있어 경찰은 시민들의 인권 보호를 최우선으로 하고 적법 절차를 준수해야 한다. 시민들 또한 경찰의 인권을 지켜주어야만 한다. 그래야만 국가와 시민들로부터 부여받은 공권력을 공정하고 엄중하게 사용할 수 있다. 서로 인권을 존중할 때 경찰의 존재 이유가 있고 공권력이 존속될 수 있다. 그래야 국민의 안전도 그만큼 확실하게 지켜질 수 있을 것이다. 나의 인권과 생명이 소중한 만큼 경찰관의 인권과 생명도 경시되지 않고 존중받는 사회가 되길 바란다.

그럼에도 불구하고
보람 있는 경찰관의 삶

경찰은 업무를 하면서 보람과 회의감 중 어느 쪽을 자주 느끼까? 보람을 느낄 일도 많지만, 대부분은 현장에서 욕을 먹는 경우도 많고 폭행 사건의 피해자가 되기도 하며 회의를 느끼게 되는 일이 많은 직업인 것은 맞다. 오죽하면 극한 직업이라고 할까? 그럼에도 불구하고 나는 경찰이 되어 보람을 느낀 순간이 많다.

할머니 한 분께서 건너편 버스 정류장에서 도로를 가로질러 헐레벌떡 지구대로 뛰어오셨다. 지적장애를 앓는 손주와 병원에 다녀가는 길인데, 버스를 기다리던 중에 할머니가 버스 정류장 옆 과일가게에서 과일을 고르고 있었다. 과일을 사고 돌아보니, 손주가 사라지고 없었다. 알고 보니 평소 타던 번호의 버스가 오자 손주가 "버스 와요"라는 말을 하고, 할머니를 돌아보지도 않고 버스를 타고 출발해버린 것이다. 예전에도 목적지에 제대로 하차하지 못해 길을 잃은 적이 있어서, 또다시 길을 잃고 헤맬 것이 염려되어 지구대로 뛰어오신 것이다.

요즘에는 실시간으로 버스 위치가 인터넷상에 확인이 된다. 버스 회사를 통해 해당 버스 기사님과 전화 연결이 되었고, 순찰차가 도착할 시간을 계산해서 두 정거장 앞에 순찰차가 서 있으면, 버스 정류장에서 손주를 하차시키기로 했다. 기사님도 지적장애를 앓는 아이가 혼자 타는 것이 이상해서 보호자가 있냐고 물으니 할머니가 있다는 대답에 안심하고 출발을 하셨다.
　기사님의 도움과 경찰관의 신속한 출동으로 손주는 무사히 할머니의 품으로 돌아왔다. 혹시나 자신의 잘못으로 손주를 잃을까 걱정이 되셨던 할머니는 지구대에서 손을 벌벌 떨며 주저앉아 하염없이 눈물을 흘리셨다. 손주가 경찰관과 함께 지구대로 온 것을 보고 손주를 껴안고 수차례 감사하다는 인사를 전하셨다. 마음에 안정을 찾기 힘드실 것 같아 집까지 모셔다드리겠다고 했는데도 한사코 거절하시며 손주 손을 잡고 천천히 걸어가고 싶다고 하셨다. 손주 손을 꼭 잡고 걸어가시는 뒷모습을 보는데 자꾸만 나도 눈물이 났다.

　나는 어릴 적부터 지리감이 좋은 편이었다. 딱 한 번 갔던 길도 대부분 기억했고, 몇 년이 지난 뒤에 다시 가도 기억했다. 지리감은 아빠에게서 물려받은 것 같다. 내가 어릴 때는 내비게이션이 없었다. 아빠는 지도와 표지판을 봐가면서 길을 찾아다니셨고, 한 번 가본 길은 잃지 않고 잘 찾아다니셨다. 나는 어릴 적에 이사를 가면 자전거를 타고 동네 탐방부터 다녔다. 생각해보면 겁도 없었다. 일곱 살에도 혼자서 자전거를 끌고 골목을 찾아다녔고, 길이 막히면 다시 돌아왔다. 집에 어떻게 돌아갈지를 생각지도 않고 여기저기 돌아다녔고, 결국엔 해가 지고 집에 돌아갔다.

지리감은 내게 경찰 업무에 대한 자신감을 심어줬다. 경찰서 및 지구대는 관할하는 구역이 정해져 있다. 순경 시절 지구대에 발령받고 처음 했던 일이 관내 지도를 익히는 일이었다. 벽면에 붙어 있는 관내 지도를 틈만 나면 봤다. 거액 범죄 사건이 발생할 수 있는 금융기관 및 편의점과 각종 사건이 발생하는 우범지역의 위치를 계속해서 외웠다. 머릿속에 지도를 그려놓고 순찰차를 운행하면서 실제 운행하는 길과 머릿속의 지도를 매치시켰다. 언제 발생할지 모르는 위급 순간을 대비해 항상 최단 거리를 생각했다. 내비게이션만 믿을 수는 없는 노릇이다. 내비게이션이 인지하지 못하는 지름길을 머릿속에 그려 넣었다.

한번은 구조요청이 들어왔다. 신고자는 엄마로, 지적장애를 가진 아들이 약을 먹으며 치료 중이었는데, 최근 자신의 장애를 비관하며 죽고 싶다는 말을 하고는 갑자기 건물 옥상으로 뛰쳐 올라갔다는 신고 내용이었다. 1분 1초가 급박했다. 평소에는 인자하고 푸근하기 짝이 없는 선배님들이시지만, 사건이 발생하면 눈매가 달라진다. 매서운 눈빛으로 돌변하며 내가 알지 못하던 지름길로 최단 시간에 도착하셨다.

주임님께서는 위급 상황임을 인지하시고 사이렌을 울리며 출동하셨고, 차에서 내리기 전에 장갑을 착용하고 차가 멈추면 바로 옥상으로 뛰어 올라가자고 하셨다. 건물 입구에서 신고자는 손을 흔들고 있었고, 우리는 주차를 함과 동시에 옥상으로 뛰어 올라갔다.

4층 빌라의 옥상으로 달려간 순간, 눈앞에 신고자의 아들이 보였다. 아들은 투신하기 직전이었다. 이미 신체의 절반이 옥상 난간 밖으로 나가 있었고, 다리만 넘어가면 떨어지기 일보 직전이었다. 선배님과 나는 소리를 지를 새도 없이 달려가서 대상자의 양다리를 붙잡았다. 다행이라면 다행인 것이 대상자는 100kg에 달하는 거구의 남성으로, 몸이 무거워 난간에 올라가지 못한 상태였다. 그대로 투신하려는 것을 타이밍 좋게 잡을 수 있었다. 거꾸로 매달리다시피 한 거구의 남성을 선배님과 둘이서 끌어 올리기에는 벅찼다. 타이밍 좋게 신고자의 연락을 받고 온 대상자의 형과 신고자와 함께 대상자를 끌어 올려 구조할 수 있었다. 그사이 도착한 소방 구급대는 만약의 사태에 대비해 건물 앞에 구호매트를 설치해놓은 상태였다. 옥상 바닥에 대상자를 붙잡고 누워서 누구 하나 아무 말도 하지 못했다. 가쁜 숨을 몰아쉬며 든 생각은 '살렸다. 1분만, 아니 30초만 늦었어도 큰일이 날 뻔했다. 다행이다'였다. 누군가를 살렸을 때의 안도감은, 쉽사리 잊히지 않는다. 몇 년이 지나도 그 순간을 떠올리면 아찔하지만 정말 다행이라며 안도의 한숨을 쉰다.

아들을 살려줘서 감사하다며 아들을 껴안고 우는 신고자를 보며 세상 모든 부모의 모습을 본다.

얼마나 힘든 삶일까? 지적장애로 인한 사회적 고립, 우울증으

203

로 인해 평생 약을 먹어야만 하는 자신의 삶을 비관하는 그의 심정을 우리가 이해할 수 있을까? 이는 개인이 안고 갈 문제가 아니라 사회적, 제도적으로 뒷받침이 필요한 문제다. 그는 약을 먹을 때는 진정이 되지만 부작용으로 종일 잠만 자게 되는 자신의 생활을 비관했다. 말짱한 정신일 때는 우울하고, 그 우울감을 이기기 위해 약을 먹으면 졸리고, 그러다 보니 먹고 자는 일밖에는 할 수 없어 주체할 수 없이 살이 찌고, 악순환의 반복이었다.

초임지는 특히 기억에 남는 법이다. 초임지를 떠난 지 벌써 몇 년이나 지났지만, 여전히 신림동 관내 구석구석이 내 머릿속에 남아 있다. 가끔 신림을 가게 되면 당시와 달라진 건물들을 찾을 수 있다. 잊었다고 생각했는데 그곳에 가면 현장의 모습이 생생히 그려지는 것을 보면 신기할 따름이다. 당시의 사건들이 파노라마처럼 눈앞을 스친다.

나는 성격상 작은 일에도 감사함을 느끼고 감동을 잘 받는다. 이 성격이 우리 업무에 있어 긍정적인 방향으로 큰 영향을 미친다고 생각한다. 화났던 일들, 속상했던 일들보다는 기뻤던 일들, 감동했던 일들, 누군가에게 도움을 주고 뿌듯했던 일들이 주로 떠오른다. 피해자들이 나의 도움으로 인해 힘든 일을 잘 넘기고 다시 안정을 찾게 되어 감사하다고 인사를 해올 때마다 오히려 내가 더 감사하다. 잊지 않고 감사의 마음을 전달한다는 것이 결코 쉬운 일이 아니란 것을 잘 알고 있다. 그런 일이 있을 때마다 나의 마음을 되짚어 본다. 그들에게서 감사 인사를 받음에 있어

한 점 부끄럼이 없는지를 살펴본다. 앞으로도 나의 도움이 필요한 이들에게 성심성의껏 도움을 주자고 다짐한다.

경찰은 직업 특성상 기쁜 일이 있을 때보다 힘든 일, 슬픈 일이 있을 때 찾게 된다. 그런데도 일련의 사건들을 겪으면서 그들에게 도움을 주고 힘든 일을 해결해주었을 때, 피해자들이 밝게 웃으며 안심을 하고 감사의 인사를 전할 때마다 직업의 기쁨과 보람을 느낀다. 경찰이 되길 참 잘했다고 느낀다. 그들에게 도움을 줄 수 있어서 다행이다. 힘든 일이 있을 때 찾을 수 있는 존재가 될 수 있어 감사하다. 우리 곁에는 언제나 경찰이 있다. 힘든 일이 있을 때 손 내밀면 붙잡아 줄 경찰이 있다는 것을 잊지 말자.

05

경찰이 안전해야
국민이 안전하다

많은 영화나 다양한 프로그램에서 경찰의 업무를 다룬다. 대부분은 강력계 형사를 그린 작품들이 많다. 그러다 보니 직업이 경찰이라고 하면 "진짜 총 들고 다녀요? 총에 총알도 넣어요? 범인 잡을 때 총 쏘고 테이저건 쏘고 해요?"라는 질문을 받기도 한다. 이 자리를 빌려서 말하자면 나는 아직 현장에서 테이저건도, 권총도 사용해본 적이 없다.

순찰차 안에는 내비게이션이 있는데, 112상황실에서 접수한 내용이 그대로 내비게이션 신고 내용란에 기재된다. 신고 내용에 칼이나 가위, 돌, 낫 등 위험한 물건을 들고 있다는 내용이 있으면 더욱 긴장된다. 신고 내용에 위험한 물건에 대한 언급이 없었는데, 눈앞에서 갑자기 위험한 물건을 휴대하는 경우에는 당황하기 십상이다.

예전에 한 여성의 신고 전화가 들어왔다. 우울증을 앓고 있는

4장 대한민국 경찰관으로 산다는 것

데 자꾸만 안 좋은 생각이 든다는 것이었다. 선배님과 함께 집을 찾아갔다. 초인종이 없는 집이라 문을 두드리는데 답이 없었다. 불길한 예감이 들어 문을 열어보니, 신고자는 방에 누워 과도를 목에 대고 있었다. 너무 놀라 소리도 지르지 못하고 달려가서 뺏으려고 했다. 그런 나를 선배님께서 제지했다. 신고자를 자극하면 놀랄 수 있다는 것이었다. 그리고 차분한 목소리로 신고자를 달래기 시작했다. 선배님의 위로와 다독거림에 신고자는 흐느끼며 과도를 내려놓았다. 자신을 살려줘서 고맙다고 선배님의 손을 잡고 우셨다. 아마 내가 앞뒤 재지 않고 달려들었다면 좋지 못한 결과가 나왔을 수도 있다.

이렇게 예상치 못한 상황을 지구대 경찰관들은 자주 겪게 된다. 그러다 보니 다른 부서의 모든 경찰관보다 위험한 상황에 자주 노출된다고 해도 과언이 아니다. 사람들의 분노 성향이 높아지면서, 위험한 물건을 휴대한 이들의 신고 사건도 많아지고 있다.

2016년, 나와 남편이 관악경찰서에서 근무하고 있을 때의 일이다. 출근하는 길에 갑자기 휴대전화로 부모님을 비롯한 동기들과 지인들의 연락이 빗발쳤다. 한 여성이 관악경찰서를 방문해 수사 경찰관 4명에게 보복 범죄로 황산을 뿌리는 일명 '황산 테러'를 한 것이었다. 당시 나는 첫째 아이를 임신한 상태였고, 남편은 수사 부서에서 근무하고 있었다. 뉴스에는 피해 경찰관에 대해 자세한 설명이 나오지 않아서, 우리가 근무하는 경찰서에서 황산 테러가 발생한 것에 놀라 연락이 온 것이다. 다행히 남편과 나는 피해를 당하지 않았지만, 피해자가 4명이나 나왔다. 그중 한 선배님은 얼굴과 목, 가슴 등에 3도 화상을 입을 정도로 큰 피해를 당하셨다.

경찰서 1층 중앙현관에는 민원인들을 안내하고 이상한 동향을 보이는 이들을 제지하기 위한 현관 근무자가 교대로 근무를 한다. 하지만 피의자는 말끔한 외관으로, 사건 중인 수사에 대해 상담을 하러 왔다는 말을 하며 유유히 현관을 통과했다. 가방 안에 넣어둔 보온병에 염산을 담아왔고, 사용하지는 않았지만, 과도를 소지한 상태였다. 나중에 알게 된 바로는 피해 경찰관이 몇 년 전에 자신의 사건을 담당하면서 친절하게 상담해주었는데, 이번에 자신이 다른 사건에 연루되어 상담을 받고 싶은데 다른 부서 사건이라서 상담이 어려우니 그 부서에 문의하라고 했다고 해서 자신의 편을 들어주지 않는다고 보복 범죄를 결심한 것이었다.

피의자는 반성의 기미가 없었다. 특수공무집행방해치상으로 징역 6년 형을 받은 이후에도 피해 경찰관 가족에게 "보상금 10억 원을 가져오고 2,000만 원 상당의 공탁금을 반환하지 않으면 출소 뒤 가만두지 않겠다"라는 협박 편지를 보낸 것으로 알려졌다. 출소 이후에도 심부름센터 등을 통해 피해 경찰관의 거처를 알려고 하는 등 위험한 행위를 그만두지 않았다.

지구대에 있다 보면, 수많은 민원인을 접하게 된다. 신고 현장에서 만나는 민원인, 지구대를 방문하는 민원인, 전화 상담을 하는 민원인 등 수많은 민원인에게 친절하게 안내를 하다 보면 앞선 사건과 같은 딜레마에 빠지게 되는 경우가 종종 있다. 그때부터 그 민원인은 전화를 걸어서 특정 경찰관만을 지목해서 상담을 요구한다. 그리고 자신의 편을 들어주지 않는다거나, 조금이라도 태도가 불친절해졌다고 생각하면 불친절 경찰관으로 민원을 제기하기도 한다.

예전에 한 선배님이 우스갯소리로 말씀하신 적이 있다. "친절도 적당히 해야 해. 너무 친절해야겠다는 생각에 얽매이면 그 친절이 어느 순간 네 발목을 잡는다." 여전히 나에게는 어려운 문제다. 적당한 친절이란 과연 어느 선일까?

지구대 외근 경찰은 각자 수갑과 삼단봉을 소지한다. 경찰청 현장 매뉴얼에 따라 출동 시에는 일반적으로 2인 이상 출동을 원칙으로 하고 있으며 경찰관 1인은 권총, 다른 1인은 테이저건 또는 가스분사기를 각각 휴대한다.

'경찰관직무집행법' 제10조의 4에 의하면, 경찰관이 휴대하는 무기는 범인의 체포, 범인의 도주 방지, 경찰관 자신 또는 다른 사람의 생명이나 신체의 방어 및 보호, 공무집행에 대한 항거의 제지 등을 위해 필요하다고 상당한 이유가 있을 때 위해성 경찰 장비 등을 사용할 수 있다.

앞서 열거한 예외를 제외하고는 경찰은 위해성 경찰 장비를 최대한으로 사용할 수 없도록 법에서 제한하고 있다. 예외로 범인의 체포 시 위해성 경찰 장비를 사용할 수 있도록 규정하고 있으나, 과잉체포로 인한 피체포자에 대한 인권침해와 그에 따른 사회적 우려로 사용을 꺼리고 있는 상황이다(이승준 기자, 경찰청 "외근 경찰에 권총·테이저건 모두 지급 검토", 〈한겨레〉, 2016. 5. 15 참고).

권총과 테이저건을 소지하고 있지만, 현장에서 사용하는 경우는 극히 드물다. 다행히 우리나라는 아직은 개인의 총기 소지가 불가하다. 현장에서 칼이나 가위 등 위험한 물건을 휴대한 피의자가 있더라도, 적법 절차를 준수하면서 최대한 피의자 및 주변 행인들이 다치지 않는 한에서 물리력을 사용해야 한다. 현행범을 체포할 때 사용하는 수갑도 사용 이후에는 사용한 이유에 대해서 근거를 남겨둬야 한다.

최근에는 경찰의 공권력이 너무 떨어졌고, 경찰의 안전을 지키기 위해서라도 위험한 현장에서는 물리력을 사용하라고 권고하며, 물리력 사용에 대한 교육을 강화하고 있다. 하지만 현장에서 테이저건 등을 사용한다는 것은 역시나 위험성을 많이 수반한다.

실탄을 장전한 채 권총 사격을 해볼 기회는 1년에 두 차례 이뤄지는 정례사격이 전부다. 정례사격마저도 연습사격으로 실탄 5발, 실제 사격은 30발 정도다. 1년에 단 두 차례의 사격으로 얼마나 정확한 사격이 가능할까. 게다가 경찰은 군인처럼 개인 총기를 지급받는 것이 아니라 사격 평가 당일, 출근해서 근무하는 당일 무작위로 총기가 배정되므로, 평소에 자신의 총기를 손질하고 손에 익히는 게 불가능하다. 총기마다 영점이 다르기에 정례사격 때에도 실제 사격 전에 영점을 조준하기 위해 실탄 5발로 영점 사격을 한다. 그런데 영점을 조준할 수도 없는 현장에서 무작위로 배정된 권총을 사용한다는 것은 보통 부담이 아니다.

테이저건은 레이저로 조준점이 정해진다. 하지만 테이저건도 경찰에 합격 후 경찰학교에서 교육 과정 중 수업시간에 1번 발사해본 후 10년간 발사를 해본 적이 없다. 만에 하나 대상자에게 제대로 발사되지 않는다면…. 그런 위험성을 배제할 수 없다. 사용 이후에는 근거와 요건이 적합했는지에 대해 여러 차례 조사가 나오고 사유서를 제출해야 한다. 누구 하나 그 부담을 이기고 사용하고 싶은 이들은 없다. 안전하게 피의자를 검거하면 다행이지만, 만에 하나 사고가 있다면 그 순간부터는 조직에 대한 나 혼자만의 싸움이 되는 것이다.

현장에 대한 경찰의 출동은 신속함과 함께 개인별 임무분담, 범인을 안전하게 체포하고 인권침해 없이 대응하는 것이 원칙이다. 하지만 잘못된 과잉대응이나 소극적 대처는 SNS나 언론을 통해 전파되어 경찰에 대한 신뢰를 실추시키고 피해를 주는 직접적인 원인이 된다.

경찰관이 피의자를 체포하면서 강제적 물리력을 사용한다는 점에서 피의자에 대한 인권적 침해는 필수 불가결이다. 현장에 출동한 경찰관이 체포과정에서 피체포자에 대한 신체 상해 또는 피해자가 생명을 잃는 상황이 발생할 수 있으며, 피체포자의 재산권, 인격권을 침해할 수 있는 상황도 일어난다. 경찰의 현장 활동 중에 범인 체포 상황과 연행까지 모두 강제적이고 물리적인 상황을 맞이하게 되는 것이다.

211

경찰은 현장에서 실시간으로 발생 중인 사건을 처리한다. 그렇기에 적법하게 공무집행을 하다가 발생하는 사고들은 기관에서 보호를 해줘야 한다. 적법하게 일어난 일인지를 확인하는 절차는 분명 필요하겠지만, 그 과정에서 해당 경찰관을 죄인으로 몰고 가는 분위기는 형성되지 않아야 한다. 기관에서 적극적으로 책임을 지지 않고 출동 경찰관이 사유서를 제출하고, 소명을 하는 등 일련의 절차들을 겪다 보면 경찰관 개개인은 점점 더 소극적인 법 집행을 하게 되고, 이러한 상황은 결국 부메랑처럼 국민에게 피해로 돌아가게 될 것이다.

경찰은 2019년부터 외근을 담당하는 현장 경찰을 대상으로 1년에 한 번씩, 1명당 2발을 쏠 수 있도록 테이저건 훈련을 받도록 정례화했다. 연 4회, 회당 2시간씩 물리력 대응 교육 및 훈련을 받는데, 이 중 한 번은 테이저건 사격 훈련을 받도록 한 것이다. 현장 경찰관으로선 해당 훈련이 테이저건 작동법을 정식으로 익히는 유일한 기회다.

코로나19 감염 우려 때문에 현장 대응 훈련이 중단되다 보니, 일선에선 실사격 훈련 경험이 없는 경찰관이 테이저건을 들고 현장에 출동하는 일이 부지기수다. 막상 테이저건 훈련이 이뤄져도 비용 문제로 사격 기회가 1인당 1회로 제한되어 현장 대응력 강화에 별 도움이 안 된다는 현장 불만도 크다. 이에 대해 한 번 발사할 때마다 교체해야 하는 카트리지 가격이 개당 4만 원가량에 이르다 보니 훈련 기회를 충분히 주기 어렵다는 게 경찰청의 설명이다.

테이저건 훈련장에 가보면 고정 표적을 세워놓고 쏘거나, 조작이 쉽다는 이유로 그마저 생략하고 시범 사격을 지켜보게 하는 경우가 많다. 명중률이 떨어지는 데다 조작 경험도 없다 보니 베테랑 형사여도 급박한 상황에선 테이저건을 쏠 엄두가 나지 않는 것이다. 전문가들은 현장 경찰이 유사시 테이저건과 같은 진압 무기를 주저 없이 사용할 수 있으려면 현실에 맞는 훈련 방식 도입이 급선무라고 지적한다.

동국대 경찰행정학과 이윤호 교수는 "물리력을 적재적소에 쓰려면 실제 상황처럼 훈련하는 수밖에 없는데, 지금은 기본적인 작동법은 물론이고 상황을 종합적으로 판단해 대처하는 훈련도 이뤄지지 않고 있다. 현행 훈련 방식으로는 무기 사용을 망설이는 현실을 바꿀 수 없다"라고 지적했다.

장비사용에 대해 더 많은 힘을 실어주고 공권력이 강해지려면 경찰에 대한 국민의 지지와 신뢰가 절대적으로 필요하다. 물론 그에 합당한 경찰 개개인에 대한 현장 대응 능력 향상과 더불어 장비사용 교육이 필요하다. 이는 이론적인 교육만이 아닌 실제 권총과 테이저건 사격 등의 교육훈련을 통해서만 가능할 것이다.

권한은 없고 책임은 막중한 현장 근무자들. 공권력과 관련해서는 10번 공권력을 쓴 현장에서 8번이 반드시 문제가 된다고 해도 과언이 아니다. 과잉대응이라고 문제가 되기도 하고, 물리력을 사용할 상황이었냐가 문제가 된다. 경찰이 법에 근거해서 정당한 물리력을 사용할 수 있도록 국민이 경찰의 공권력 행사를 신임하고, 경찰이 국민의 신뢰를 받는 그날을 꿈꿔본다.

06

경찰 부부는
오늘도 출근합니다

남편과 나는 부부 경찰이다. 우리는 나의 초임지인 신림지구대 같은 팀에서 근무했다. 남편은 나보다 3년 선배로, 청와대를 지키는 101경비단 출신이다. 규율을 중시하는 101경비단 출신이어서 그런지 항상 예의 바르고, 선후배들에게 깍듯이 대했다. 민원인을 대할 때도 예의 바르고 어느 것 하나 허투루 하지 않는 모습에 배울 것이 많았다.

우리 지구대는 4개 팀이 근무를 했는데, 팀마다 순경이 3~4명씩 있었다. 나이도 비슷해서 쉬는 날이면 순경들끼리 자주 어울려 놀았다. 당시에는 선배였던 남편과는 자연스레 같이 있는 시간이 많았다. 의외의 모습들을 발견하면서 호감이 생겼고, 우리는 자연스레 커플로 발전했다.

처음에는 비밀연애를 했다. 만에 하나 우리가 결혼을 하지 않고 헤어질 수도 있는데, 그때 내가 남들의 구설수에 오르는 것이 싫다며 남편이 제시했고 나도 흔쾌히 그러자고 했다. 흔히 사내연애는 '본인들만 빼고 회사 복사기까지 다 안다'라고 하지만 우리는 예외였다. 우리의 연애를 오랫동안 바라고 지지했던 주임님들께만 말씀드렸다.

초임지 지구대에서 1년 근무 이후에 둘 다 경찰서로 전입했다. 남편은 생활안전과 소속이었고, 나는 수사과 경제팀 소속으로 마주칠 일이 없었다. 회사에서는 철저하게 각자 업무에만 집중했다. 경찰서에 전입한 지 반년 만에 나는 기동대로 발령이 났다. 기동대에서 1년의 의무복무기간을 지낸 후, 다시 관악경찰서로 돌아왔고, 그때는 결혼을 생각할 때라 주변인들에게 연애 사실을 밝혔다.

누구나 그렇듯 우리의 연애사도 다사다난했다. 사소한 일로도 다퉈보고, 나의 치부를 다 보여준 듯했다. 그런데 그런 사람과 결혼을 했다. '내가 결혼을 한다면 이 사람과 해야겠다'라는 생각이 들었다. 나의 가장 부끄러운 면까지 보여줬지만, 그 모든 것을 감싸준 고마운 사람이었다.

결혼하고 보니 연애 시절보다 더 괜찮은 사람이었다. 연애 시절, 매일같이 나랑 놀아서 노는 것만 좋아할 줄 알았는데, 결혼하고 보니 가정에 충실한 사람이었다. 외부 약속과 활동보다 가정을 우선으로 생각하는 남편이었다. 아이가 태어나고 나니 아이에게 더할 나위 없이 좋은 아빠가 되었다.

같은 직종에 몸담고 있으면 좋은 점이 있다. 업무에 대해 나눌 이야기가 많다는 점이다. 비록 근무하는 부서는 다를지언정 같은 일을 하고 있다는 이유만으로도 공감대가 형성된다. 우리는 저녁에 술 한잔하면서 회사에서 있었던 일들에 대해 자주 이야기한다. 주로 내가 회사에서 겪었던 억울하거나 속상한 일에 대해 남편에게 하소연하는 일이 많다. 또는 업무적으로 궁금하거나 몰랐던 부분에 대해 남편에게 묻고 해결책을 찾는다. 그러고 보면 내가 남편에게 의지하는 부분이 참 많다. 그만큼 남편을 믿고 신뢰한다.

우리는 현재 같은 지구대에서 근무하고 있다. 그런 우리 부부에게 주변에서는 "부부가 같은 지구대에서 순찰차 타는 경우는 또 처음 본다"라며, 불편하지 않으냐고 묻는다. 서로의 행실에 대해서, 업무처리에 대해서 듣게 되는 것이 불편하지 않냐는 것이다. 우리는 개의치 않는다. 각자 맡은 일을 법에 따라 수행하면 되는 일이다. 그 이외의 것은 우리가 어찌할 도리가 없다.

요즘에는 부부 경찰이 정말 많다. 오죽하면 "어떻게 해야 경찰을 안 만나는 건데?" 하고 우스갯소리로 물을 정도다. 내 주변에만 해도 부부 경찰이 열 쌍은 족히 넘는다. 대부분의 부부 경찰이 아빠들이 교대근무를 하고, 엄마들은 주간근무만 하는 부서(이하 내근직)에 몸담고 있다. 그편이 아이를 돌보기에 낫다고 한다.

내가 복직하고 지구대 순찰 업무를 하며 교대근무 부서에 남겠다고 했을 때, 많은 이들이 말렸고 내근직 부서를 추천해줬다. 나를 생각해주는 마음은 감사했지만, 나는 순찰 업무가 좋다. 근무복을 입고 순찰차를 타는 순간이 좋다. 그래서 정중하게 거절했다.

남편과 교대근무를 하면서 아이를 본다는 것이 쉽지만은 않은 일이었다. 게다가 코로나19로 인해 아이들이 어린이집을 가기에도 쉽지 않은 상황이었다. 우리는 일곱 살, 세 살이 된 두 아들을 양육하고 있다. 맞벌이 부모는 여의치 않으면 어린이집을 보낼 수밖에 없긴 하지만, 우리는 최대한 가정보육을 했다. 어린이집에 가서 친구들을 만나고 뛰어노는 게 아이들에게 더 도움이 될 수도 있지만, 우리가 가정보육을 할 수 있는데도 어린이집에 보내서 코로나19에 걸려왔다는 죄책감을 느끼지 말자는 마음에서였다. 최대한 위험에 노출시키고 싶지 않았다. 이렇게까지 장기전으로 갈 줄이야 몰랐지만, 집에서 체험할 수 있는 것들을 체험하고 함께 놀이터도 가면서 시간을 보냈다. 그렇게 2년여의 세월을 버텼고, 결국 2022년 3월에 내가 코로나19에 확진되면서 온 가족이 코로나를 앓았고, 이후부터는 조금은 마음 편히 어린이집과 유치원에 등원하면서 각자의 생활을 즐기고 있다.

우리는 현재 '육아시간'을 사용하고 있다. 육아시간이란, 만 다섯 살 이하의 자녀를 가진 공무원이 24개월의 범위에서 1일 2시간의 육아시간을 사용할 수 있는 제도다. 출근을 2시간 늦게 하거나, 퇴근을 2시간 일찍 할 수 있다. 또는 1시간 늦게 출근하고, 1시간 일찍 퇴근하는 방법도 가능하다.

우리 지구대는 주간, 야간, 비번, 휴무 근무로 4개 조가 2교대를 하는 근무 방식이다. 남편이 주간근무 퇴근하는 날에 내가 야간근무 출근을 한다. 그래서 남편이 육아시간 사용으로 주간근무를 1시간 일찍 퇴근하고, 내가 육아시간 사용으로 야간근무를 2시간 정도 늦게 출근한다. 남편이 퇴근하고 와서 저녁 육아를 위해 준비하는 사이 나는 저녁밥을 준비해놓고 출근한다. 우리처럼 맞벌이 부부에게는 없어서는 안 될 육아시간을 알차게, 감사하며 이용하고 있다.

주말 같은 경우 가정보육 중일 때는 14시간의 야간근무를 퇴근하고 와도 숙면을 취하지 못한다. 평균 3시간 정도 자거나, 둘째 아이의 낮잠 시간에 맞물리면 꿀 같은 잠을 좀 더 잘 수 있다. 더욱이 세 살 둘째 아이는 손이 많이 가는 시기고, 한창 엄마를 찾을 때다 보니 잠자는 내 곁에 와서 엄마가 자는지 수시로 확인한다. 그래도 나는 우리 부부의 교대근무 시스템이 마음에 든다. 매일 주간근무만 한다는 것도 쉬운 일은 아니다. 앞서 말했듯이 이제는 부부 경찰도 많아졌고, 내근직 부서 인원은 정해져 있다. 내근직을 원한다고 해서 모든 직원이 갈 수 있는 상황도 아니다.
나는 성향 자체도 외근에 어울린다. 직접 몸을 움직이며 민원인을 만나고 일하는 것이 좋다. 경장 시절, 전산실이라고 부르는 곳에서 일했다. 민원인의 범죄경력을 조회해주는 곳이었다. 오롯이 혼자서 별도의 공간에서 아침 9시부터 저녁 6시까지, 점심시간 1시간을 제외하고 하루에 몇백 건씩 요청이 들어오는 범죄경력을 조회했다. 근무 인원이 1명만 더 있었어도 좋았을 텐데. 화장실에 잠깐 다녀오는 것만으로도 민원인에게 사과를 해야 했다. 성향에 따라 다르겠지만, 온종일 아무와도 대화하지 못하고 혼자서 하는 업무를 이제는 하고 싶지 않다.

맞벌이로 교대근무를 하다 보니, 남편도 집안일을 많이 한다. 원래도 청소는 남편이 더 잘했다. 똑같은 공간을 똑같이 청소해도 남편이 했을 때가 더 깨끗하다. 이제는 애들 식사도 제법 잘 차린다. 우리는 각자 잘하는 것을 한다. 설거지는 내가 하고, 청소는 남편이 한다. 쓰레기는 그날 집안일을 안 하는 사람이 버린다.

하지만 빨래는 도무지 해결이 안 된다. 세탁기에서 나온 빨래는 건조기 앞에 토하듯이 흩어져 있다. 빨래 개기가 왜 이렇게 귀찮은 것인지, 빨리 위대한 발명가께서 자동으로 옷을 개어주는 건조기를 발명해주길 바랄 뿐이다. 그때까지는 아마 우리 집 건조기 앞에는 항상 세탁한 옷이 토하듯이 나와 있을 것이다. 남편은 출근 때마다 흩어진 빨래 더미에서 양말을 찾느라 전전긍긍한다. 넘쳐흐르는 옷들을 보며 군소리 않는 남편이 고맙기도 하고, 남편이라도 빨래 개기를 좋아했으면 좋겠다고 속으로 생각한다. 이런 며느리가 마뜩잖을 만도 한데, 시어머님은 우리 집에 오시면 으레 빨래부터 개어주신다. 어머님은 젊은 시절부터 일하셨다. 그래서 육아하랴, 살림하랴, 일하는 것이 얼마나 힘든 일인지 안다며, 너저분한 집을 봐도 군소리 한 번을 안 하신다. 어떻게든 며느리와 아들의 힘듦을 덜어주시려 애쓰시는 모습에 그저 감사할 따름이다.

같은 지구대, 같은 팀에서 순찰차 타면서 알게 된 인연으로 연애를 시작했는데, 10년 만에 같은 지구대에서 다시 순찰차를 탄다. 비록 지금은 같은 팀은 아니지만 그래도 기분이 새롭다. 같은 일을 하고 일상을 공유하는 것만으로도 행복하고, 힘이 난다. 별것 아닌 일로 웃게 되고 우스갯소리를 하게 되는 일상이 행복하다. 나와 남편을 닮은 아이들을 볼 때마다 신기하고 행복하다. 우리 가족의 행복과 각자의 꿈을 위해, 경찰 부부는 오늘도 출근한다.

07

대한민국 경찰관으로
산다는 것

'젊은 경찰관이여, 조국은 그대를 믿노라.' 충청북도 충주 수안보에 있는 중앙경찰학교에서 만나게 되는 문구다. 처음 입교하던 날, 이 문구를 보고 느꼈던 설렘을 잊을 수 없다. 아마 모든 경찰 교육생들의 가슴을 한 번쯤은 설레게 했을 것이라고 생각한다.

대한민국에서 경찰관으로 산다는 것은 어떤 의미일까? 누군가는 우리를 보고 철 밥통이라 하고, 누군가는 짭새라고도 부른다. 모두가 잠든 시간에도 불철주야(不撤晝夜) 국민의 치안을 책임지고 있는 치안책임자인 13만 경찰들. 잊을 만하면 매스컴에 나오는 경찰관의 비리 사건이나 업무 회피 사건으로 인해 13만 경찰의 명예가 싸잡아 실추된다. 분명 사명감 높은 경찰관들이 많다. 휴일을 반납하고 사건에 매달리고, 범인을 잡기 위해 사생활을 포기한 경찰들도 많다. 사생활을 포기하고 휴일을 반납

해야만 정의감이 넘치고 사명감에 넘치는 것은 아니다. 자신의 자리에서 자신의 업무에 최선을 다하는 경찰관들이 내 주변에는 부지기수다. 그들의 최선이 외면당하는 것 같아 씁쓸하다. 국가의 녹을 먹으니 그 정도는 당연한 일이라면 당연하겠지만, 나라와 국민을 위해 최선을 다하는 그들의 노고가 당연하게 여겨지지 않길 바란다.

경찰은 업무 강도가 높은 편이다. 오죽하면 '극한 직업'이라고 할까. 주간-야간-비번-휴무의 시스템으로 4일에 한 번씩 14시간 이상 야간근무를 하며 밤을 새운다. 신체 리듬이 근무 주기를 따라가기가 벅차다. 이렇게 힘든 업무 환경 속에서도 힘을 낼 수 있는 것은 함께하는 동료들이 있기 때문이다.

현장출동 경찰관은 2인 1조로 근무한다. 일반적으로 일행이 많은 폭행 사건이 발생했을 때는 2, 3대의 순찰차가 같이 출동한다. 피해자를 안전하게 보호하고 신속하게 가해자를 제압하기 위함이고, 동료 직원이 다치지 않도록 보호하기 위함이다. 내가 위험한 상황에 빠졌을 때, 나를 위해 달려와 줄 동료가 있다는 믿음은 나를 더욱 강하게 만든다. 2~3년에 한 번씩 지구대를 순환하면서 근무하다가 헤어질 때면 "다음에 우리 또 같이 근무해요"라는 말은 빈말이 아니다. 몇 년 만에 한 번 만나게 되더라도, 또는 다시는 못 보게 되더라도 행복했고 감사했으며 서로를 위해 뛰었던 그 시간은 잊히지 않고 계속 앞을 나아가게 하는 원동력이 된다.

10년 전 초임지에서 함께 근무했던 선배님들을 자주 떠올린다. 팀장님과 몇몇 주임님들은 이미 퇴직을 하셨다. 순경, 경장이었던 선배님들은 경사, 경위가 되었고, 경사셨던 부장님은 경위, 경감을 달고 계장님으로 계신다. 당시 주임님들께서 입버릇처럼 하신 말씀이 "20년이 넘게 경찰 생활하면서 이렇게 마음 맞는 팀원을 만나는 것도 드물다. 일할 맛 난다"였다. 나는 초임지에서 그토록 좋은 선배님들을 만났으니 굉장히 운이 좋은 편이다. 경찰 업무는 항상 새로운 일에 직면하게 된다며 모르는 부분은 찾아보시고 노력하시는 선배님들의 뒷모습을 보며 나도 선배님들 같은 경찰이 되겠다고 마음먹었다.

초임지에서 1년 근무 후, 인사이동을 통해 지방으로 가신 선배님도 계시고, 퇴직 후 제2의 삶을 사는 분들도 계신다. 각자 근무지가 달라지고 사는 곳이 멀리 떨어졌음에도 불구하고, 코로나 이전에는 1년에 적어도 두세 번씩 정기적으로 만나서 서로의 안부를 묻고 함께 근무할 때를 떠올렸다. 이제는 나도 아이 둘을 낳은 엄마지만, 선배님들과 만나면 여전히 스물아홉 살의 새내기 순경으로 돌아간다. 선배님들께 넘치는 사랑을 받았고, 그 사랑 덕분에 경찰조직에 더욱 애착을 가지게 되었다.

1년, 2년 시간이 지나면서 내게도 자연스레 후배가 생겼다. 비록 육아휴직으로 공백기가 길었다 할지라도 10년 차 여경이 되었다. 한 분야에서 10년을 몸담으면 대개 전문가라고 여긴다. 비록 지구대나 수사과 등 특정 부서에서 10년을 근무하지는 못했지만, 나는 소망한다. 내가 초임지 때 선배님들 덕분에 출근길이 행복할 수 있었고, 조직에 더 애착을 가지게 된 것처럼, 나도 후배들이 조직을 더 사랑할 수 있게 하는 매개체가 되고 싶다. 일할 맛 나는 직장, 출근하고 싶은 팀으로 만들어준 선배님들처럼 나도 후배들에게 든든한 울타리, 출근하고 싶어지는 팀이 되도록 일조하고 싶다.

가족의 핵가족화와 더불어 개인 이기주의가 강해지면서 길거리에서 타인에게 도움을 받는 일도, 돕는 것도 쉽지 않아졌다. 누군가의 호의를 호의로 받아들이지 못하는 세상이 되고 있다. 낯선 곳에서 길을 잃고 헤맬 때, 길거리의 누군가에게 길을 물어보는 것도 주저하게 된다. 스마트폰에 능숙한 젊은 세대들이야 인터넷에서 지도를 찾아보면 그만이다. 하지만 아직 우리 주위에는 글을 읽는 것이 어려운 분들도, 스마트폰이 익숙지 않은 분들도 많이 계시다. 자신의 할머니, 할아버지를 생각해보자. 스마트폰이 있어도 다양한 기능을 활용하지 못하시기에 걸려오는 전화를 받고 자식들에게 영상통화를 하는 것만이 전부다. 우리 주위에는 관심과 사랑의 손길이 필요한 분들이 여전히 많다. 길을 찾다가 물어볼 사람이 없어서 지구대를 찾아오시는 어르신들이 계신다. 세상이 각박해지는 현실에서도 제복 입은 경찰에게는 거리낌 없이 다가갈 수 있다. 우리가 급박한 순간에 생각나는 이들은 결국 경찰이다. 위험에 처했을 때 자신을 도와줄 수 있는 존재를 만나 반가웠던 경험이 있는 이들이라면, 더욱 공감할 것이다. 제복이 경찰관은 안전하다는 것을 상징해주는 것이다.

경찰은 국민의 자유와 권리 및 모든 개인이 가지는 불가침의 기본적 인권을 보호하고, 사회공공의 질서를 유지하기 위해 존재한다. 경찰의 직무 범위에 대해서는 '경찰관직무집행법' 제2조에서 열거하고 있다. 뉴스나 기사에서 흔히 접할 수 있는 국민의 생명·신체 및 재산의 보호, 범죄의 예방·진압 및 수사뿐만 아니라, 범죄피해자를 보호하고, 경비, 주요 인사 경호 및 대간첩·대테러 작전 수행, 공공안녕에 대한 위험의 예방과 대응을 위한 정보의 수집·작성 및 배포, 교통 단속과 교통 위해의 방지, 외국 정부기관 및 국제기구와의 국제협력, 그 밖에 공공의 안녕과 질서유지까지 광범위한 직무를 수행한다. 경찰관의 직권은 위에 나열된 직무 수행에 필요한 최소한도에서 행사되어야 하며, 남용되어서는 아니 된다.

경찰이 되고 느낀 것 중의 하나는, 경찰이라는 직업은 초등학생들에게 인기가 굉장히 좋다는 것이다. 경찰이라는 직업을 인지하기 시작하는 유아들에게도 신기한 존재이긴 하지만, 단연코 초등학생들에게 가장 인기가 많다.

내가 근무하는 지역에서는 초등학생 아이들이 등교하는 시간에 맞춰 20~30분가량을 어린이보호구역 횡단보도에서 아이들의 안전한 등교를 돕는 학교 근무를 하고 있다. 평소에는 녹색어머니회의 부모님들이나 아이 지킴이를 하시는 할머니, 할아버지만 보이다가 경찰이 같이 활동하는 것을 보면 순수한 아이들은 "와, 경찰이다!" 하며 우리를 가리킨다. 달려와서 고개 숙여 인사해주고 가끔은 본인의 주전부리임이 분명한 사탕과 초

225

콜릿을 주머니에서 꺼내서 건네주고 간다. 특히 여경을 처음 보는 아이들은 여경을 처음 봐서 신기하다는 반응을 보이기도 하고, 여자아이들 같은 경우에는 자신도 커서 여경이 되고 싶다고 말하는 아이들도 있다. 그 아이들의 솔직함과 순수함을 지켜주고 싶고, 경찰이 될 수 있는 길을 제시해주고 싶다.

올해 일곱 살이 된 첫째 아이가 물었다. "엄마랑 아빠는 경찰이잖아요. 거짓말한 애들도 잡아가요?" 나는 이제껏 아이들에게 "너 자꾸 울면 경찰이 잡아간다"라는 식의 말을 한 번도 해본 적이 없다. 순수하게 경찰을 좋아하는 아이들에게 경찰에 대한 이미지를 무섭고, 이상한 존재로 변질시키는 말 같아서다. 아이는 어딘가에서 들은 말에 대해 한참을 고민하다가 나에게 물어본 것이다. 집에서는 한 번도 듣지 못하던 말을 밖에서는 들으니 헷갈리는 것이다. 경찰은 운다고, 말을 듣지 않는다고, 밥을 안 먹는다고 잡아가는 사람이 아니다. 경찰은 법 질서를 수호하는 존재다. 아이들의 순수함을 매개로 경찰을 이용하는 말은 하지 않았으면 좋겠다.

대한민국 1호 민주 경찰이자 대한민국 초대 경무국장으로, 임시정부 경찰의 기틀을 확립하신 백범 김구 선생님께서 말씀하셨다.

"돈에 맞춰 일하면 직업이고, 돈을 넘어 일하면 소명이다. 직업으로 일하면 월급을 받고, 소명으로 일하면 선물을 받는다."
국민의 경종이 되라던 백범 김구 선생님께서 당부하신 '민주·

인권·민생' 경찰 정신을 되돌아본다. 경찰청에서는 "대한민국 경찰은 '제복 입은 시민'으로서, 김구 선생의 당부대로 함께하는 민주경찰, 따뜻한 인권경찰, 믿음직한 민생경찰로 국민 속에 자리매김하기 위해 노력하고 있다. 또한, 대한민국 경찰의 뿌리인 임시정부 경찰의 초대 경무국장 백범 김구 선생과 그 뒤를 이어 나라와 국민을 위해 헌신했던 경찰들의 발자취를 발굴 및 계승해서 민주·인권·민생경찰의 정신으로 삼겠다"라고 다짐하고 있다.

나는 앞에서도 언급했지만 '젊은 경찰관이여, 조국은 그대를 믿노라'라는 문구를 경찰학교에서 직접 보고는 눈물이 핑 돌 것만 같았다. 평소에도 감동을 잘 받는 성격이긴 하지만, 책과 사진으로만 보던 문구를 경찰학교에 입교해서 두 눈으로 보니 느낌이 달랐다. 또한, 선배님들의 고군분투한 사건해결일지, 사명감이 느껴지는 이야기들, 조직에 투신하고 헌신한 이야기들을 읽을 때마다 가슴 벅참을 느끼고, 내가 경찰이라는 것에 자부심을 느낀다. 비단 나뿐만이 아닐 것이다. 김구 선생님의 말씀처럼, 경찰을 단순히 돈에 맞춰 일하는 직업이 아닌, 돈을 넘어 일하는 소명으로 느끼는 이들이 많다.

경찰조직에는 경찰을 사랑하는 많은 사람들이 몸담고 있다. 물론 먹고살기 위해 공무원을 선택했고, 그중에 경찰을 택한 사람도 있을 것이다. 하지만 "어렸을 때부터 경찰관이 되는 것이 꿈이었다", "나는 정말 경찰이 좋다"라고 하는 이들이 대부분 일선 현장에서 근무하고 있다. 간혹 먹고살기 위해 들어온 분들도 얼마 시간이 지나지 않아서 경찰관으로서 사명감으로 근무하게 된다. 자리가 사람을 만드는 것이다.

　내가 경찰이 되고 난 후 내 지인들이 말했다. 주변에 경찰이 생기고 나니 경찰을 보는 시각이 달라졌다는 것이다. 예전에는 경찰을 보기만 해도 이유 없이 피했고, 적대심이 들었는데, 이제는 그들이 친근하게 느껴진다는 것이다.

　대한민국 경찰관으로 산다는 것은, 자부심과 사명감을 가지고 국민의 성원과 신뢰를 회복해가는 과정을 몸소 체험하는 일이라고 생각한다. 비록, 손가락질 받을 때도 있고, 자신이 생각했던 이상과 현실의 차이에 좌절할 때도 있다. 그 또한 경찰로서 받아들여야 할 현실이다. 반면, 경찰을 지지해주는 시민분들도 많다는 것을 알고 있다. 정말 감사하고, 그분들의 신뢰에 금이 가지 않도록 매 순간 나를 되돌아볼 것이다. 제복을 입고 만나는 민원인 한 분, 한 분에게 나는 한 사람의 경찰이 아닌, 경찰조직을 대표하는 얼굴이라는 것을 기억하며, 국민에게 사랑받고 신뢰받는 경찰이 되길 소망한다. 경찰이라는 존재 자체로 신뢰를 주고 믿음을 줄 수 있는 존재로 남기를 바란다.

08

나는
꿈꾸는 경찰관이다

어느덧 내 나이 서른여덟 살이 되었다. 스물여덟 살에 경찰 시험에 합격해 중앙경찰학교에 입교하고, 2013년 1월 11일에 졸업과 동시에 경찰에 입직해서 10년째 경찰 생활을 이어오고 있다. 중고교 시절에는 내가 경찰이 될 것이라는 생각을 해본 적이 없다. 그 무엇에 대한 열망도 없었고, 목표도 없었다. 꿈이라는 것이 없었다. 무엇을 하며 살아갈 것인지에 대한 구체적인 계획도 없었고, 어떻게 꿈을 꾸어야 하는지도 몰랐다. 목표와 꿈이라는 것은 거창해 보였고, 전교 1, 2등 하는 아이들만 가질 수 있는 특권 같이 느껴졌다.

하지만 사람 인생이라는 것이 참 신기하다. 인생은 언제 어느 순간에 바뀔지 모르는 것 같다. 자신도 모르게 무의식에 내재했던 소망이 갑자기 툭 튀어나와 간절한 목표가 되기도 한다. 목표가 생기면 간절해지고, 그 간절함을 이루기 위해 노력하게 된다.

노력하다 보면 그 과정에서 새로운 길이 열리기도 한다. 작은 목표를 이루는 것도 성공이다. 작은 성공이 계속되다 보면 자신감이 생기고, 내가 보는 세상이 달라지기 시작한다. 이제까지 세상에서 내가 할 수 있는 일이 아무것도 없어 보였는데, 점점 내가 할 수 있는 일들이 보인다. 해야 할 것들이 생겨난다.

나는 어릴 적부터 잘 웃었다. 나를 아는 모든 사람이 나를 긍정적인 사람이라고 평가했다. 매사에 자신만만해 보인다고 했다. 하지만 속으로는 혼자 전전긍긍하는 타입이었다. '할 수 있다고 말했는데 못 하면 어떡하지? 실패하면 어떡하지? 잘난 척하더니 꼴 좋다고 비웃지는 않을까? 부끄러워서 고개 들고 다닐 수 있을까?' 하고 일어나지도 않은 일을 미리 고민하는 타입이었다. 피해의식에 젖어 있기도 했다. 체면 때문에, 실패하는 모습을 보이고 싶지 않은 마음에 더 노력했으니 내 성격이 나쁜 것만은 아닐지 모르지만, 자신감 없고 실패를 미리 두려워하는 내 모습이 싫었다.

중학교 때까지 전교에서 딱 중간 석차의 성적을 유지하다가 실업계 고등학교에 진학하면서 전교 3등 안에 드는 경험을 해봤다. 한 번 성적이 잘 나오니 유지하고 싶어졌다. 그래서 더 노력했고, 고등학교를 졸업할 때까지 좋은 성적을 유지할 수 있었다. 대학도 전문대를 갔고, 고등학교에서 배우던 과목이 주요 과목인 전산세무회계과를 갔다. 덕분에 공부는 수월했고 대학에서도 1, 2등으로 장학금을 받으며 다닐 수 있었다. 그때의 경험으로 깨달은 것이 있다. '누구에게나 성공의 경험은 중요하다'라는 것이다.

'용의 꼬리보다 뱀의 머리가 낫다'라는 말이 있다. 나는 이 말을 경험으로 깨달았다. 용의 꼬리일 때는 무슨 일을 하든 자신이 없었다. 주눅이 들고 눈치가 보였다. 나의 의견은 중요하지 않다고 느껴졌다. 우물 안 개구리일 수는 있지만 뱀의 머리가 되고 보니 세상이 달라졌다. 꼬리일 때는 보이지 않던 환경이 보였다. 세상을 넓게 보게 되었다. 한 번의 성공을 경험하니 계속되는 성공을 추구하게 되었다. 할 수 있는 방법만을 생각하게 된 것이다. '이래서 뱀의 머리라도 되어보라는 말이 있는 거구나' 싶었다. 뱀의 머리로 세상을 넓게 본 이후에는 용의 머리가 되어보는 것이다. 성공의 계단을 차곡차곡 밟아가는 것이다.

나에게는 또 하나의 성공이 경찰 시험 합격이었다. 상고를 나오고 전문대를 나온 나도 합격할 수 있을까? 하는 의구심이 들었다. 하지만 공무원 시험에 스펙은 보지 않으니 나를 믿어 보기로 했다. 4년 가까이 다니던 회사를 그만두고 선택한 길인 만큼, 내가 벌어둔 돈으로 공부하는 만큼, 최선을 다하고 싶었고 나의 선택을 지지해준 부모님의 믿음에 보답하고 싶었다. 수험 공부 기간 동안 공부를 하면 할수록 희열이 느껴졌다. 나의 한계를 확인하는 기분이 들었다. 기초가 부족해서 남들보다 더 열심히 해야 한다고 생각했다. 남들이 1번 보면 나는 3번은 봐야 한다고 생각했다. 모르면 이해가 될 때까지 공부했고, 그래도 안 되면 그냥 외웠다. 엉덩이 힘으로 버텼다. 엉덩이 힘이라도 있어야 내가 합격할 수 있다고 생각했다. 그렇게 나를 몰아붙이며 공부를 하다 보니 자신감도 붙고 스스로를 달리 보기 시작했다.

보통 경찰이 되면 '조직에 입직하다. 경찰에 투신하다'라고 표현한다. 나는 이 말이 좋다. 투신이라는 것은 어떤 직업이나 분야에 몸을 던져 일한다는 뜻이다. 종사하다, 헌신한다는 의미와도 일맥상통한다. 투신의 다른 의미로는 목숨을 끊기 위해서 몸을 던지다가 있다. 나는 우리가 조직에 투신한 것과 목숨을 끊기 위해 몸을 던진다는 뜻에 하나의 공통점이 있다고 생각한다. 조직에 투신한다는 것은 누군가를 위해 몸을 던지는 일까지 불사를 수 있다는 것이다. 그만큼 막중한 일이다. 그래서 대부분 회사원처럼 회사라고 하지 않고 조직이라고 부르며, 투신한다고 말을 하는 것이지 않을까.

수험생들의 경우에는 시험에만 합격했으면 좋겠다고 간절히 소망하는 이들이 많다. 물론, 수험생 시절에는 합격만이 목표다. 하지만 합격이 목표가 되고 나면, 합격한 이후에 공허함과 상실감을 느낄 경우가 있다. 하버드에 합격한 우리나라 학생들이 하버드 합격만을 목표로 공부하다가 합격한 이후 목표를 상실하고 공허감을 느끼다가 자퇴를 하는 경우도 이와 비슷하다. 수험생 시절에는 합격한 이후에 형사과에서 범인을 잡고 수사과에서 실체적 진실을 밝히는 나의 모습을 꿈꾸는데, 현실은 지구대에서 주취자들과 매일같이 밤낮으로 씨름하다 보니 '내가 주취자나 돌보려고 경찰이 되었나?' 하고 자괴감을 느끼는 경우도 많다. 하지만 모든 일이 영화 같지는 않다. 영화에서는 대부분 강력범죄 사건들을 다루고, 형사들의 강인하고도 멋진 모습에 스포트라이트를 비춘다. 하지만 현실은 그렇지 못하다. 반짝이는 초심을 가지고 입직한 후배들이 현실에 지쳐 몇 달 만에 신임 특유의 반짝임을 잃는 것을 보면 마음이 아프다. 그것은 비단 그들만의 잘못이 아니다. 환경과 제도, 현실의 복합적인 문제일 것이다.

나는 동기부여를 하는 경찰을 꿈꾼다. 동료들에게 업무적인 동기부여뿐만 아니라 삶의 전반적인 면에서 긍정적인 삶을 살 수 있도록 도와주고 싶다. 또한, 후배들의 반짝임이 사라지지 않도록 지켜주고 싶다.

나는 입직한 이후의 삶이 퍽 마음에 든다. 든든한 동기들이 생겼고, 존경하는 선배님들과 사랑스러운 후배들이 생겼다. 평생을 함께할 배우자를 만났고, 나와 남편을 닮은 두 아들을 낳았다. 소중한 인연이 손으로 꼽을 수 없을 만큼 많다. 지금의 내 삶이 너무 소중하고 매사에 감사하다. 이렇게 항상 감사하는 습관도 입직한 이후에 생겼다. 수많은 죽음을 마주하고, 다양한 범죄 사건들을 접하면서 나의 일상이 평화롭고 행복한 것이 결코 당연한 것이 아니라는 생각이 든다. 13만 경찰이 불철주야 치안을 담당하고 있을 뿐만 아니라, 내가 노력해서 일궈온 시간이고, 우리 가족이 서로를 사랑하고 위하며 배려하기에 가능한 것이란 것을 깨달았기 때문이다. 이렇듯 사소한 것에서부터 감사하기 시작하면 삶에 감사하지 않을 것이 없다.

나는 아주 평범한 사람이다. 주변에서 흔히 볼 수 있는 30대 후반의 아들 둘을 둔 엄마다. 하지만 제복을 입은 순간에는 누구의 엄마, 아내, 딸이 아닌 10년 차 경찰이 된다. 이런 나도 누군가에겐 존경의 대상이 되고 롤모델이 되기도 한다. 경찰에 합격하고, 경찰서를 홍보하는 사진을 찍으며, '길 찾기 왕'으로 선정되어 지역 방송 뉴스에 인터뷰하는 등 사소한 에피소드도 누군가에게는 재미가 되기도 하고 닮고 싶은 면이 되기도 한다.

마음으로 나를 존경해왔다고 말해주고 응원해주는 후배들이 있기에 용기를 내 글을 썼다. 그들에게 나의 삶이 수많은 길 중에 또 하나의 지표가 되길 바라는 마음에 나의 일상을 적었다. 나의 책이 누군가에게는 마음의 위안이 될 수도 있고, 경찰에 대해 관심을 끌게 되는 기회가 될 수도 있을 것이다.

나는 긍정 에너지를 나누고 세상에 선한 영향력을 미치는 경찰관으로 살아가고 싶다. 나의 버킷리스트 목록에는 다양한 것들이 적혀 있지만, 그중에 많은 부분이 사회 환원 및 선한 영향력 미치기와 연관이 있다. 빈민국에 학교와 도서관을 짓는 일, 우물 만들어주기 등 아직은 특정 단체들에 기부를 통해서만 이뤄지는 일들이 있다. 하지만 언젠가는 나의 이름으로 학교와 도서관을 짓는 일이 현실이 되어 있을 것이다. 나이가 들어 퇴직 전에 책에 쓰려고 미뤘던 나의 이야기를 지금 한 권의 책으로 엮는 것처럼 말이다.

내일모레면 세상일에 정신을 빼앗겨 판단을 흐리는 일이 없는 나이를 뜻하는 불혹이 된다. 하루하루 나이가 들어가는데도 입직할 때의 그 설렘이 잊히질 않는다. 여전히 제복은 내 가슴을 설레게 한다. 아직은 세상일에 흔들리고 여전히 눈물도 많다. 하지만 가슴에 있는 열정은 식지 않고, 앞으로는 어떤 일을 할 것인지 찾게 된다. 경찰로서 내가 할 수 있는 일은 무엇이 있을지, 내가 내 위치에서 사회에 도움이 되고 선한 영향력을 미칠 수 있고, 주변 사람들을 행복하게 해주며, 동기부여를 할 수 있는 일이 무엇이 있을지를 생각하게 된다. 여전히 꿈꾸고 있고, 앞으로도 멈추지 않고 꿈꾸는 경찰관으로 살아갈 것이다.

대한민국 경찰관으로 산다는 것

제1판 1쇄 | 2022년 9월 23일

지은이 | 배선하
펴낸이 | 오형규
펴낸곳 | 한국경제신문*i*
기획제작 | (주)두드림미디어
책임편집 | 이향선, 배성분   디자인 | 디자인 뜰채 apexmino@hanmail.net

주소 | 서울특별시 중구 청파로 463
기획출판팀 | 02-333-3577
E-mail | dodreamedia@naver.com
등록 | 제 2-315(1967. 5. 15)

ISBN 978-89-475-4841-0 (03190)

책 내용에 관한 궁금증은 표지 앞날개에 있는 저자의 이메일이나
저자의 각종 SNS 연락처로 문의해주시길 바랍니다.